現代総有論序説

五十嵐敬喜 編著

現代総有論序説

夢を失わない世界中の市民に捧げる

目次

第三章　総有をめぐる学際的交流

第四章　現代への展開

序文　現代総有論の射程

五十嵐敬喜

はじめに

私が「現代総有論」（みんなで共同して土地・海面・森林、都市などなどの地域資源を利用して、その恩恵・利益を地域全員・全体に還元していく）の構築と強化を強く意識するようになったのは東日本大震災を経験してからである。正確に言えば、総有法の主張は実は震災前、畏友である野口和雄、萩原淳司の両君との共著として『都市計画法改正　総有論の提言』（第一法規、二〇〇九年）という形で提起し、都市計画のパラダイムチェンジの一つとして主張していた。しかし、現代総有論は何も都市計画に限らず今後日本のすべての人々の生き方にかかわる壮大なものであること、土地利用だけでなく事業を含むこと、そのためには法律を作る必要があることなど次々とその課題を明らかにしてくれたのが今回の大震災であったのである。今回の震災は言うまでもなく少子・高齢化社会に入った日本を先取りしていた地域で発生した。それは津波や地震、さらに原発事故というおよそこれまで誰も経験したことのない「千年に一回」というような前代未聞の災害であったため、当初からその復興は容易でないと予想された。そこで政府も「復興会議」を立ち上げてその復旧・復興の具体的プランを探った。復興会議は政府からの諮問を受けて復興七原則（特に復興の主体を市町村とコミュニティとしたことに注意）など復興の根本哲学を総理大臣に答申した。総理大臣はこれに基づき一九兆円予算（のちに安倍政権になって五兆円の追加）、司令塔としての復興庁の設置、一括予算、特区の創設などの新政策を次々と打ち出した。また、国だけでなく、自治体、企業あるいは市民もたくさん応援に駆けつけた。日本だけでなく世界中からの支援もある。そういう一連の流れの中で世の中全体を一つにしたキーワードが「絆」であった。つまり被災地の復興にとって、人と人、人と自然あるいは人と神のつながりが極めて重要であり、このつながりがなければ復興はおぼつかないというのであった。このような観点に立って、私もこの復興会議の検討委員として「現代総有論」と「現代生存権」をワンセットにし、復興政策の中でこれを採用するよう主張したことはおりにふれて報告している。

しかるに被災地では「絆」とは全く正反対の現象が突き進んだ。被災後、多くの人々が仮設住宅、民間借り上げ住宅その他、県内・県外でばらばらに暮らさざるを得なくなっている。原発事故付近の人々は退去を強制された。震災後三年近くたった今でも三〇万人近くの人が復帰できていない。これが「絆」破壊のもっとも目に見える現象であるが、それだけでなく、現地では浸水地あるいは汚染地とそうでない地域が線一本で仕切られ分断され、この分断が、住宅の保障やその他の手当てなどの中で明確な差別となって表れてくる。また、漁業や農業さらには工業や商店街など、わずかながらでも再建できた人といまだに立ち上がれない人との天と地ほどの落差となっていること。被災地ではおおよそ瓦礫は片づけられ道路などのインフラは整えられたが、肝心の住宅はなく（二〇一三年一〇月現在で、被災地三県で防災住宅に入居できた人は一パーセント、今後もほとんど見通しは立っていない）、人がほとんど戻っていない。震災直後の瓦礫で埋もれた町よりも、瓦礫が取り除かれて広々とした「何もない風景」はより直截にこの絆分断の悲劇を雄弁に物語っているともいえるのかもしれない。もちろん、政府や自治体はここに住民を取り戻すべく、防潮堤や区画整理あるいは高台移転に全力を挙げている。しかし、様々な事情があってここに人が戻れるようになるのは早くても数年後とされていて、年老いた高齢者にはこの時間そのものが大きな障害となってきていることを強調しておきたい。また同じく若者にとっても、この時間の遅れは、学校や仕事の関係などで、もう元に戻れないという諦念を生み出している。そしてちょっと一呼吸を置いてこれを日本全体にズームアップしてみると、この被災地の光景はまさしく、日本全体の未来の構図と重なり合ってくると言えよう。二〇二〇年のオリンピック開催もあって、東京はこしばらく日本の都市のトップランナーとして走り続けるであろう。しかし、その他の都市や農村などは、今でも、少子・高齢化の中で衰弱しつつあるのに、さらにこの東京によって若者、企業、情報などのエネルギーを吸い取られ衰弱していくのではないか。被災地はこの日本の未来を暗示しているのである。

「近代」の限界

このような現象をどうとらえたらよいか。なぜそのようなことが起こるのか。少子化・高齢化というキーワードはそのもっとも直截な回答の一つである。ではなぜその問題は解けないのか（少子高齢化にはマイナスだけでなくもちろんプラスもある）と問うてみると、ここから回答は論者によってさまざまになってくる。出生率を向上させること、あるいはその環境を整えることなどは極めて具体的なものである。しかし、この問題はそのような因果関係を超えてもっと深い場所に病因が潜んでいるように思われるのである。それは、単純に出生率の問題ではなく、言い換えれば出生あるいはその後の労働条件が改善されたとしても子供は増えないというもっと哲学的・思想的な病因と結びついている。私はその一つがいわゆる「日本の近代」（ヨーロッパやアメリカとは相対的に異質なそれ）ではないかと考えているのである。それでは「日本の近代」の問題とは何か、これについては周知のように哲学や社会学あるいは経済学などなど様々な学問領域での研究があり、中にはすこぶる説得力があり魅力的なものもあるが、ここではこれら全体の総括には入らないで、日本全体の憲法下の秩序を形作っている法学、とりわけ本書全体のテーマである「現代総有」の中核を占めている所有権に的を絞って「日本の近代」を見ていくことにしたい。まず「法秩序」の構造を簡単に見ていくことにしよう。

日本では憲法を頂点として法律と条例という形で厳格に縦に体系化されている（中央集権の最大根拠）。この体系の下では憲法の価値観に沿わないものは「違憲」として存在できず、憲法の価値観のもとすべての法律と条例が組み立てられる。都市計画法や建築基準法といった都市法は憲法二九条、つまり絶対的所有権を前提にこれを公共の福祉により制限するものとして制定されている。つまりあくまで個人の自由な所有権が物事の大前提になっているということを銘記しておかなければならない。これをさらに大きく憲法の秩序の下で語ると次のような構造となっていた。

憲法は周知のように国民を主権者として位置づけすべての秩序の源泉としている。その国民には、一人ひとりのすべての人に対して「近代」の価値観を表す人権が綺羅星のようにうたわれている。国民は誰でも、幸福追求権を頂点として、表現の自由（国家からの自由）、参政権（国家への自由）、最低限度の生活の保障（国家に対する自由）を有しているのである。土地所有権の自由もこういうカテゴリーでいえばまさしく国家からの自由の一環を構成しているといってよいだろう。国はこれら人権が保障された国民の中から「選挙」を介して選ばれた議員によって構成される「国会」を最高で唯一の立法機関として、これを頂点に行政（内閣総理大臣）と司法（最高裁判所長官）というういわゆる「三権分立」の秩序を形成する。これに自治体を加えて日本ではこれを「統治構造」と呼んでいる。ただしこの構造は本来主権者である国民が選挙という媒介を経た途端に「統治される側」すなわち被統治者に陥るという根本矛盾がある、ということを肝に銘じておかなければならない。さて「近代」という価値でこの構造を大胆に総括すると、かつての明治時代の支配される臣民から「近代的個人」への上昇と確立こそ近代の象徴であり、それは永遠に持続させられなければならない、というのがその特色であった。そしてこの価値観は戦後日本の復興に大きく二つの点で貢献した。一つは天皇、封建的地主、軍部といった封建的で絶対的な体制に風穴を開けるのに決定的な力を発揮したということである。もう一つはそれが戦後日本の資本主義と深く結びついて、高度経済成長に寄与したということである。田中角栄の日本列島改造論は「戦後の驚異的な人口増」に裏付けられて日本の近代国家の形成、特に経済的基盤の確立に大いに寄与し、日本の都市化を急速に推し進めた。土地所有権もある種この日本的近代化の典型象徴である。農民は小作農から解放され、立派な土地所有権者となり、そして都市近郊農民はバブルによって大金持ちになった。農民は今や弱きものではなく、特に都市近郊農家は毎年所得番付に入るブルジョアジーになったのである。

しかし、一九九〇年のバブルをピークにこれが反転して日本はデフレに入り次第に停滞傾向が明確になる。その中、日本を襲った不幸は、この「近代的人間」が孤立し、空中分解をし始めたということであろう。親の子殺し、子の親殺し、毎年三万人を超える自殺者、そして無縁社会が、世を覆うようになってきた。当初は生々しくおぞましい響きを持っていた「孤独死」も今や日常茶飯事になり誰も驚かなくなってきている。家庭も地域もどんどん不確かでおぼつかないものに変質してきた。問題はこれと国民主権あるいは近代的人権が、どう結びつくかということである。

ここは実はいくつも論理の綾を築いていけると思われるが、端的に言って私の問題意識は「近代」そのものをアウフヘーベン（止揚）しないと、問題は解けないのではないか、ということである。文学的に言えば「孤独死」は近代的人間の確立の裏側で進行している「闇」なのである。この現象を前にして国民の生存権を基盤に国家や自治体の手厚い保護が強調されてきた。生活保護を強化せよというのも一理ある。しかし、国や自治体も財源・人材は有限である。またそのような方法が有効かというとあくまで限定的なものであることは論を待たない。死を発見するのではなく死を防ぐために困窮する人々にいかにして生きる「希望」を与えるか、というのは人権を超えたもっと深遠なものであり、それは国や自治体だけでなく、親子、隣近所、地域、友人その他医師、ボランティア、あるいはＮＰＯなどを総動員していく以外にないのである。言い換えれば近代的な個々人の人権は、これに敵対する「独裁権力」の横暴に対する抵抗装置として働くときそれは特に光彩を放つ。また生活がどん底に陥るとき生存権の保障は実質的に個々人の生活を支える。しかし、この独裁権力が相対化されるとただ権力を批判するだけでは済まなくなる。第一の総理大臣も首長もそもそも自分が選んだ人だからである。投票にもいかなければこれを批判する資格もやはりない、と言わなければならないのではないか。生活の最低限の保障も例えば年金や介護のシステムとして十分といえないまでも相当な程度には構築された。しかし、自分の意思に基づいて参加しなければ、その結果としての貧困は、やはり誰のせいでもなく直接自分自身の問題となることもどこかで承認しなければならないであろう。基本的人権に着目していえば、表現の自由には行使しない自由も含み、その結果圧政が行われるようになってもそれは自己自身の問題ではないのか。生活保障も税金の滞納が増え困窮者が増えてくれば最終的にはどんな国家でも保障できなくなる。すなわちその乱用あるいは不行使は国やその他の誰かよその責任ではなく自分自身の問題になる、という一点が論点になるのである。孤独死や無縁社会をどうするか。所有権の放棄、限界集落の拡大。これが少数にとどまっている場合にはまだ国や自治体の責任を問うことができる。しかしこれが全国的な趨勢になれば国や自治体の責任だと攻めたてても、対応できないのである。要するに、国と個人という二項対立軸でとらえられた近代の法秩序は、ある程度の経済的豊かさの確保、情報などの発達などの中で「成熟」すると、その成熟がいつしか反転して、双方の衰弱を生み、いずれ次第に双方とも崩壊していく方向に向かうのではないか。少子・高齢化社会の到来とは、まさしくそれを事実として突き詰める問いかけなのではないか、というのが私の予感なのである。そして現代総有の思想とは、この国と個人という二項対立の近代法の中にある種の「中間項」を持ち込むことによってこの近代の衰弱を防ぎ未来への道筋を描こうという営みでもあるのである。

ではこの中間項とは何か。最小のものとしては家族、少し広げれば地域、あるいは職場、会社、クラブ、○○会などなど、とりあえず人の集まる集団を想起しよう。これらさまざまな集団や組織では、様々な会議、事業、遊び、労働、スポーツ、趣味、共同作業などが行われており、ここでは、国や個人といったものとはおのずから異なるそれぞれの秩序が存在している。つまり純粋に公的なものでもなく、また全くの個人的・私的なものでもない秩序が生まれ、社会の中に存在し機能しているのである。これらは国と個人の中間にあって、国とも個人とも相対的に自立しており、これらが生き生きと機能し作用することが、国や個人の弱点を補い、さらにそれぞれに有効な刺激を与えていく、という可能性があり、これが中間項として私の考えるものである。現代総有論の提唱もここに関係している。

現代社会モデル

このような私の近代化の限界と未来の方向をグローバルに教えてくれたのが政治学者松下圭一（法政大学名誉教授）の「戦後政党の発想と文脈」（東京大学出版会二〇〇四年）のなかで行った近代の歴史的な分類であり、この分類・位置づけに、私が「市民政治」の項目を入れたのが次頁の図である。

松下は横軸に、農村型から過渡期としての近代化を置き、さらにこれを都市型社会につなげていく。これはいわば政治的な時期区分である。これによれば農村型社会は伝統的政治（江戸時代後期を想定）とされ、近代は生成期から始まり成熟期までを1から3型までに分類した。私はこれの次に、言ってみれば近代化4型として、「市民政治」を置いた。ただしこの4型の名称は難しい。周知のように、この近代については戦前の「近代の終焉」とは別にして、特に一九九二年のバブル崩壊以降、改めてあらゆるところで「ポストモダーン」が言われるようになってきた。さらに例えば建築界では「デコンストラク

社会構造	農村型社会 ――→ 過渡期（近代化）――→ 都市型社会				
類型	伝統的政治	1型	2型	3型	市民政治
統治機構	支配国家	絶対国家	経済国家	福祉国家	統治機構の消滅 市民の政府
政策	貢納・徴発 治安・軍事	国家統一	経済成長	福祉・都市 環境	分権化・国際化・ 文化化
政治理論	伝統的政治理論	一元的統一型 （国家統治）	二元対立型 （階級闘争）	多元重層型 （大衆政治）	分節政治
憲法		大日本帝国憲法 （明治憲法）	日本国憲法 （昭和憲法）		市民の憲法 （平成憲法）
起草		伊藤博文・ 井上馨ら	GHQ		国民
国家観		夜警国家	福祉国家・ 民主主義国家		（分節）個性国家
基本的人権		制限付自由権 制限的参政権	＊自由権（国家からの自由） ＊生存権（国家への自由） ＊参政権（国家への参加）		美しい都市を創る権利など第4の人権（国民が主体）の保障と発展

図1「松下理論」と「市民の憲法・市民の政府」

出典：松下圭一「戦後政党の発想と文脈」（東京大学出版会 2004 年）をもとに筆者作成

ション」（解体）などが言われていて、学問的にはともかく気分的には、松下の想定した「近代」をも超えるような気分あるいはネーミングが目立つようになってきたのである。そこでこれをいわゆる「近代」とは一線を画す「現代」としてもよいのだが、「現代」というといかにも今日そのものであり、それがいつまで続くのかわからず、時期区分として適当かどうかわからないので必ずしも近代の延長ではないという意味で、仮に名付けたということを断っておきたい。

これを横軸に、松下は縦軸として近代の政治を分析するための道具概念としての統治機構、政策、政治理論、憲法（起草）、国家観に分類した。たとえばこれを、「伝統的政治」の支配国家、貢納・課税・治安・軍事、伝統的政治理論（たとえば孔子）と、「近代化3型」の福祉国家、福祉・都市・環境、多元重層型、日本国憲法などと比較してみると、明治以降百数十年の日本の近代社会の移り変わりが見えてくるであろう。さきに見た私の近代の統治機構や二項モデルといったものも、それが近代化の2型に位置づけられるものとしてみるとその文脈がよりよく明確になる。

さて問題はこの「近代化3型」と私が付け加えた「市民政治」の差異についてどうするか、ということである。この私の問題意識にはたぶん松下が想定していた日本の二〇〇〇年ころまでの政治・経済・社会的状況と決定的に異なる状況が生まれている、という認識がある。その一つは「グローバル化」の進展であり、これは政治・経済・社会の世界的な一体化とその逆の国家（主権）の相対化を促進していく。そして少子・高齢化は伝統的政治以来の史上初めてのこれまで誰も想定しなかった異次元の大問題である。人口だけでいえば今後百年の間に日本が現在一億二千万人の三分の一に減少する。また六五歳以上の高齢者が全人口の四〇％を超えるのである。この事態には国と人権の二項では到底対応できない。そして最後は日本国家の一千兆円を超える借金であり、これはどの政党が政権担当しようと絶対的な桎梏であり逃げることができない。端的に言えば日本はいつ崩壊してもおかしくない危険区域に入っているのである（これは今回の消費税の増税だけではとても賄えない）。この事態は到底近代3型の延長ではとらえられない、異質の段階に入ったと考えたのである。そこで「市民政治」という新たな時期区分と形態を構想したのであるが、これを先ほどの縦軸のキーワードの中で見ていくと、統治機構として「市民の政府」つまり、ここでは権力が市民を統治するという概念は薄れつつあり、市民が時に統治者になり、時に被統治者に転化する、つまり双方は固定的なものではなく、相互に流動的に交替しつづけるというイメージである。

政策についていうと、近代化3型の福祉・都市・環境を踏まえて、さらに分権化、国際化、文化化が進展する。より直截に言えば、日本のアイデンティティはこのうち「日本文化の構築」になる。

政治理論として近代化3型の多元重層型から「文節政治」、つまり一人あるいは集団が相対的な独立・自治権を持ちこれがネットワーク化されて社会を構成する。本書で見る現代総有もこの有力な一環となる。憲法も現憲法を踏まえて、今言われているような政府中心の憲法九条を中心とした改正論ではなく、先のグローバル化や人口減少社会にふさわしいものとして、例えば各国の主権を相対化したＥＵ憲法のように東アジア共同体の憲法を、市民が中心となって構想していくべきであると、考えているのである。最後に基本的人権についてもこのような差異を踏まえて、国家を中心とした近代化2型の基本的人権から、美しい都市をつくる権利のように国家の枠組みを超える基本的人権論を提唱した。

さらにこの中から本書の大きな関心事である所有権と総有の関係を見たのが図2である。

所有権が絶対的所有権として確立されるのは日本では近代化2型の時期であり、この時期は経済国家、都市は横と縦に拡大し、土地所有は農地や戸建て住宅にマンションが少しづつ形を表すようになる。ちなみに事業はもちろん国や自治体が行う「公共事業」が中心である。近代化3型は福祉国家になる。これはいわば高齢化社会の到来を告げるものである。都市は東京など大都市への一極集中の傾向は変わりはないが、やはり人口減の兆しが見え始め、分散と縮小が課題となってくる。しかし土地所有権は絶対的所有権と共有であり、現代的総有はいまだ具体的な形を表していない。もっとも都市計画法や各種行政法では住民参加や情報公開などは当然となってきて、公共事業も国だけではなく、自治体や市民の参加が顔をのぞかせるようになってきた。そして近代化3型ののち、つまり「市民の政治」の段階に至ると、質的な変化を見せるようになる。総有に論点を合わせていえば、入会権は「伝統的な政治」の段階から近代化1型に組み入れられていた。その後、絶対的所有権は継続するも、マンション・共有があらわれ近代化2型から3型にかけて区分所有法として発展するのである。ちなみに「第一章　現代総有法の提唱」で取り上げた財産区もまさしく伝統的政治から近代化1型の産物であり、組合法は近代化2型から市民政治に入って飛躍的な発展を遂げていく、と予想されるのである。中でも「現代総有法の提唱」で取り上げたワーカーズコレクティブは文節政治・自治を体現するものであり、現代総有論の事業部門を受け持つものとなると位置づけられるのである。こうして所有権の絶対性は相対化され、公共事業も国や自治体中心大型事業から、既存施設の修復などを含めて市民が取り組む事業が主流を占めるようになるであろう。

社会構造	農村型社会 ——→ 過渡期（近代化）——→ 都市型社会				
類型	伝統的政治	1型	2型	3型	市民政治
統治機構	支配国家	絶対国家	経済国家	福祉国家	統治機構の消滅 市民の政府
都市の形態		ヨコへの拡大	ヨコとタテへの拡大	分散と縮小	美しい都市
土地所有権の概念	封建的土地所有	絶対的土地所有権	絶対的土地所有権	絶対的土地所有権	相対的土地所有権
土地所有権の形態		個人所有	個人所有と共有	個人所有と共有	総有
都市計画		東京市区改正条例	旧都市計画法	新都市計画法	地区計画法
主体		天皇と国家	国家と自治体	自治体と市民	市民と政府
事業		都市改造	公共事業	公共事業の縮小	市民事業

図2 歴史区分と都市計画（筆者作成）

各論文の概要紹介

そこで私のこのような問題意識と現代総有論の位置づけから、あくまで私の主観的な意図に基づいて、私なりの読み解きをすると、以下本書の各論文はそれぞれ別個に執筆されながら、奇しくも、おおよそこの現代総有論とステージを同じようにしている、と理解できるのである。

第一章　理念と新しい制度

五十嵐敬喜「現代総有法の提唱」

第二章　歴史と評価

高村学人「現代総有論の歴史的位相とその今日的意義」

廣川祐司「現代的総有システムを構築する農村部の試み」

茂木愛一郎「コモンズ論の系譜とその広がり」

第三章　総有をめぐる学際的交流

秋道智彌「日本におけるコモンズの素地——人類学的考察」

室田武「自然総有論の現在と未来」

マーガレット・A・マッキーン「コモンズ論からのメッセージ」

第四章　現代への展開
武本俊彦「土地所有権の絶対性からの転換」
萩原淳司「郊外都市の世代交代と総有」
野口和雄「土地・まちづくりにおける土地の共同管理の試み」
渡辺勝道「田園都市と現代における総有の都市空間」
斉藤正己「世界遺産と総有――石見の実験」

そこで、本書に掲げられた諸論文を、先の「市民政治」の観点からしかも総有論に絞って私なりの読み解きをすれば、以下のようになる。

各論文を貫く視点

ここで取り上げられているのは、自然・ヒト・カミの関係性（一体性、並列性）という視点、それを前提に、エネルギー、海、山林、農地、都市・農村（空間）における「総有」の表れについてである。すなわち、各論文は、対象とする空間（分野）で発生している諸問題についてアクセスする理論的な準備として強くこの現代総有を意識していると思われるのである。たぶん対象として触れられていないのは大都市の超高層街のようなものであろう。ここでは個人所有権こそ本来のものであり、相互に協力し合う総有など論外だと思われるであろうが、東京大手町、丸の内、有楽町の超高層街は、一部上場企業の集合体「大、丸、有（正式には大手町・丸の内・有楽町地区まちづくり協議会）」による、私たちのイメージとは正反対の超高層「総有」とでもいうべき理論と実践によって形成されているものだ、ということを銘記しておきたい。

第一章の概要

五十嵐論文は、明治民法の共有と総有のそれぞれの発展状況を検討したうえで、さらに財産区と組合の法理論の中から具体的に現代総有法の核心部分を提示する。もう一つ、現代総有法の特徴である事業について、生協組合の実践のなかから、民主主義と事業の論点を抉りだした。そしてこのような法と事業の発展のなかから、現代総有論の示す理念を実現するためには今回提唱している「総有法」だけでは不十分であって、総有にかかわる個別法全体の制定や改訂を提案する考えを明らかにしている。

第二章の概要

現代総有論と伝統的な「総有」や「コモンズ」に関する理論面からの分析・整理・提言が中心となる論考である。

まず高村論文が、ギールケなどを読みなおしつつ、日本の土地所有権を入会権とコモンズの古典的な理解と日本的な解釈の歪み、すなわち、これまでの「総有論」が国家に対抗する概念として「私権」として位置づけられていた「歪み」を指摘する。「現代総有論」が本来「総有」が持っていた公法的・組織法的な要素を再生させようとしている点で、「総有論」の本来の意味に忠実であることを明らかにし、とりわけ、都市の土地・空間の過少利用という新たな問題への道具概念として、現代的な位置づけを試みているものである。

廣川論文は、まず最近の社会学的総有論から農村社会学・農業経済学分野での「総有論」の到達点などを概観した上で、事例として静岡県伊東市池区（入会地）を取り上げる。入会権の観光事業への変身とその中で培われてきた組織の運営主体とその方法を「株式会社」「権利能力なき社団」など近代法を活用しながら独自の「池システム」を作ったことに着目し、これを現代総有法に結び付けていくという必要性を強調している。

さらに、茂木論文は、北米を起点とする従来のコモンズ論の系譜を明らかにするとともに、入会研究に発する今日の日本のコモンズ論の位置づけを行っている。加えて都市のコモンズに触れ、都市空間をコモンズと捉える経済学者宇沢弘文の社会的共通資本論を紹介している。また入会係争事件にも関わった戒能通孝を取り上げ、戒能が入会研究に市民主権に基づく労働権や社会保障の権利に連なる「生存権法理」を並走させていたことに触れ、今日議論するべき現代総有論に対しても照射する論点を持っていたことを指摘している。

第三章の概要

第一章・第二章が土地・空間を中心に現代総有論の理論構築と実践に関する論述であったのに対して、本章は、現代総有論をさらに肉付けする上で、エネルギー・宇宙・海・ヒト・カミといった観点から重要な視点を提起している。

まず、秋道論文は、「海は権利の束と紛争の歴史」という経験をもとに、改めて海がすべての人々のものであり、だれでもが利用する権利を持つという観点から出発する。そして、今回の震災の中から漁民が海面を共同利用し、それによる利益を共同分配するという新しいコモンズが打ち立てられつつあること、そして最終的には「聖地」のようなイメージを再興すべきことが示唆されている。

室田論文では、東電福島第一原子力発電所事故処理の過程で発生した核汚染廃棄物の中間貯蔵施設に関連して、東電所有地内の所有権を放棄して国有地にするという動きを採り上げる。従来から産業廃棄物に関して不法投棄や処理場など迷惑施設の押し付け合いがあるが、究極の迷惑物質の捨て場（シンク）を巡って、このような所有権のパラドックスの露呈があると指摘している。さらに、だれもが認識していかなければならないこのような大きな問題は、人間活動も自然の循環に内包されるという松本文雄の言う意味での自然総有論など新たな視点からの検討が必要であり、これからの総有論にはこういった方向での拡張を室田は示唆している。

本書への特別寄稿となったマッキーン論文は、入会の取り組みの中に相互信頼のシステムや、環境と社会の持続可能性を担保するメカニズムが備わっていることなどをあげ、現代総有にも重要な示唆を与えている。マッキーンは、二〇〇九年にノーベル経済学賞を受賞した故エリノア・オストロムとともに、北米のコモンズ論を主導してきたひとりである。なかでも、オストロムの主著において、日本の入会林野にそのコモンズ性を見出した部分は、すべてマッキーン研究に拠るものである。

第四章の概要

農地をはじめ土地問題、都市と農村の問題の解決に総有的手法が使われ、あるいはその方向が求められていることを分析したものである。

まず、武本論文は、農地を中心に、特に戦後の農地改革から、土地基本法、都市計画法を媒介として、最近の農地法・農業振興地域整備法、農業経営基盤強化促進法までを通覧しながら、土地所有権の絶対性から土地利用優先の原則への転換の必要性を説いている。

萩原論文は、郊外都市は高度経済成長時、例えば埼玉では二四〇万人から七二〇万人に増えたが、その後、建てられた住宅団地、郊外、沿道などで世代交代を含めて廃墟化が進んでいること、そしてこのままでは町の持続が疑問視されていることを明らかにしたうえで、現代総有的なアプローチの必要性を指摘している。

野口論文は、都市部の町づくりについて「待ち」と「攻め」の観点から、区画整理地共同経営や農住団地、再開発などの実例を分析しながら、いずれも「協同利用」を目指さない限り将来展望がないということを明らかにした。

渡辺論文は、総有の典型とでもいうべきハワードのレッチワースや、組合の父と呼ばれ今や世界遺産にも登録されているニュー・ラナークなどを検討するものである。

最後に、斎藤論文は、「世界遺産」に登録された島根県太田市という、まさに過疎化の典型地である「石見銀山」で、その維持管理という宿題にこたえるために、地元の名望家がそれこそ全財産を投入して町を守るというような、いわば一人総有といったような形態を論じ、過疎社会の町の持続可能性を告げるものとして大変興味深い。

以上の各論考は、包括的に言えば私の言う近代化3型から市民政治への過渡期、橋渡しあるいはジャンプを示唆していると読むことが可能であろう。

おわりに

冒頭に見た、グローバル化、少子・高齢化そして財政危機はいずれ確実に日本社会を直撃する。この間、例えばアベノミクスあるいはオリンピックなどなどによって一時的には、その流れを修正したり、逆転したりするように見えることもあるであろうが、二十年ないし三十年という少し長い時間軸で見れば、それらはしょせん一時的なものというほかない。これこそ、私が松下近代化3型と区分する決定的な理由であった。その時日本社会はどうなるか。個々にバラバラに解体され砕けてしまうのか、あるいは踏みとどまり新しい社会に転換していくかは、ここに見たような中間組織が生き生きとした「市民政治」を作りうるか否かにかかっているように思え、その身近な試練場になっているのが、今回の東日本大震災の復興ではないか、と考えるのである。冒頭に見たように被災地では、絆が破壊され、今、人々と人々の関係、人々と自然との関係そして人々と「神」の関係の修復や強化は容易ではない。

その中で、人々がかみしめている言葉が「人は一人では生きられない」というものであり、そのための共同作業があちこちで始められた。仮設住宅の抽選入居をはねのけた共同入居、漁師のための自力建設、商店街の一体的な再建、住宅と商店を一体化した共同住宅、NPOによる漁業の再建あるいは組合による農業の再生など、本書で提起する「現代的総有」を様々な主体と方法で実践するものである。ここに私たちは希望を見出す。

そこには、政府の縦割り行政や自治体の政府依存体質を超える新しい仕組みが見える。

そこには、土地、海面、農地などなどの被災地の地域資源をうまく活用し、その利益を皆で分け合うという利益還元の思想がみられる。

そこには、自力による町の再建にかける国や自治体の持っていない情熱や姿勢が見えるのである。これらが「市民政治」にいう、文節政治あるいは分権と文化、新しい人権などの芽生えであり、これこそ、近代化4型の原型をなすものと言えるであろう。そしてそれはまた少子・高齢化社会の人々の生き方のモデルとなるのである。

これら全体の論考とそのアンサンブルをもって私はこれを「現代総有論序説」と名付けた。

第一章　理念と新しい制度

第二章　歴史と評価

第三章　総有

現代総有法の提唱

五十嵐敬喜

はじめに

現代総有の事業（市民事業）が目に見えるようになってきた。被災地での複合マンションの建設、商店街、漁業や農業の再建など。これら事業の特徴は、被災者（土地所有権・漁業権などの権利者）が中心となって組合、株式会社あるいはＮＰＯなどの組織をつくり、避難して現地にいない人あるいは高齢で仕事ができなくなった人などの土地所有権、農地、漁業権などの権利を借り（借地権）、商店街、農業や漁業などを再建（土地や海面の共同利用、生産・加工や営業の展開）しようとしているところにある。中心メンバーだけでなく、漁業や農業ができなくなった人も「別な形」（会計や営業あるいは加工など）で仕事に加わる。若い世代（地元あるいはボランティア）などもこれに参加しながら徐々に仕事を復活させている。もちろん、被災地だけではない。たとえば、バブル崩壊後、観光客の減少や高齢化などによりホテルや別荘の廃墟化などの危機が現実化した長野県の観光地でも、総有の取り組みがみられる。これら廃墟の撤去や、個々のホテルなどの立て直しが当面の緊急課題だが、観光地の未来を決定的に左右する「まちづくり」を考えると、個別土地所有権者による個々的な利用には「限界」があり、これを全体的に共同利用しながら新しい観光地づくりをおこなおうとしているのである。では、すべて順調かというとそうでもなく、事業の進行につれていくつか問題点も浮かび上がってきた。

なぜ、現代総有法が必要なのか

全国いたるところでなぜ地域の崩壊現象が起きたのか。もちろん急速なグローバル化や少子高齢化、あるいは二十年来のデフレといったものは大きな要因であり、これを指摘するのはたやすい。問題はなぜこれに対応できなかったか、ということである。国土計画あるいは都市論的にいえば、一つは土地利用の仕方が、プラスもマイナスも含めてそれぞれ所有権者の自由（勝手放題）に委ねられてきたからである。

経済市場の下ではいうまでもなく、「法則的」に強いものが勝ち、そうでないものは捨てられる。東京の一極集中そして地方、特に森林、農地、限界集落などは市場の落第生なのである。そして一人勝ちしているように見える東京でも、もちろん弱肉強食は当たり前であり、市場から見捨てられたところは、待ったなしに空き地や空き室となっていく。巨視的にいえば、市場からもっとも遠い被災地の経済を、震災が追い打ちをかけたことになる。いくら区画整理の号令をかけてもなかなか復興できないのは、建築・土木作業の困難さ（かさ上げ、インフラの整備など）はともかく、基本的にはこの市場から見放されているということが大きい。

もう一つ、この壊れてしまった町をだれが復興させるかという「主体」の問題がある。周知のように日本では政府や自治体が道路、新幹線、ダムなどの大型公共事業に取り組み、これに投じられた費用や人員は莫大である。そのスピード、技術の高さなどは世界でもトップ水準といってもよいであろう。しかし、被災者一人ひとりの住宅や仕事の確保などは「原則個人負担」であり、政府や自治体は個人の財産形成に税金を投入することはできないという理由で公費をつぎ込むことはない。被災地での、区画整理、防潮堤あるいは道路など華々しい大型公共事業に比べて、住宅（を前提にした身の回りの介護施設や学校、病院など）の建設が遅々として進まないのは、この公的再建と個人再建の制度的落差を示している。町が荒廃していくのは市場経済の圧倒的な優位と、この主体論とも関係しているのである。

日本列島改造論と田園都市論

これを解決するためには、場当たり的な対策ではなく、根本的な治療法を生み出さなければならない。その最たるものは国土政策あるいは都市政策の改正である。過去、このような軌道修正が行われた最大規模のものとして、筆者は「国土強靭化批判」などを通じて田中角栄の日本列島改造論と都市政策大綱、そして未完に終わった大平正芳の「田園都市論」を紹介してきた【註1】。二人は政治的な活動時期が重なり盟友であった。しかし、双方の国土計画・都市計画はおよそ対極的なものであった。前者は高度経済成長を、後者は低成長を背景にして、「大型公共事業」対「安心な暮らし」といった構図を示したのである。私が強調したいのは、このような対極的な違いを見せながら、しかし、双方とも最も困難な敵として指摘したのが「土地所有権」の問題であったという点である。

田中側からいえば、それは開発にとって最大の難問であった。現に田中の「日本列島改造論」は、開発ブームを受けた地価高騰によってかなりのブレーキをかけられ、政権そのものの弱体化を惹起した。またもう一方の大平の「田園都市論」は、そのモデルとなっているイギリスのエベネザー・ハワードの「レッチワース」の事例（本書第四章）を見ればわかるように、「土地の共同利用」がなければ成り立たない。個々人が土地所有権の自由を振りかざして、いわば勝手に開発（開発しないことも含む）できるような土地所有システムでは「田園都市」など幻想にすぎないのである。こうして大極的な国土改造論を示した双方が、これまた逆方向から日本の土地の絶対的土地所有権の廃棄ないし修正を問題視していたのである。

これに対する一つの解決法として私が提唱するのが「土地は全員で利用し、そこから受ける受益は全員に分配する」という総有の現代的解釈としての「現代総有論」である。これは、机上の空論ではない。冒頭に見たように、農業や漁業あるいは商店街や住宅について、このような総有の「原理論」は実践されている。

「現代総有法」の提唱

さて、本書では、この理論にもとづいて「現代総有法」を提唱する。これを考えるにあたり、次のような事実を確認し、それを前提に、それらの有するさまざまな論点を議論していきたい。

まず、それぞれが総有の実践を行う際に、そのための法的な道具として、まちづくり公社、株式会社あるいは組合やNPOなどという形で、総有主体を立ち上げていることである。次いで土地の利用方法としては、土地（農地）所有権者・漁業権者から賃借し、地代を払いながら共同利用しているということ。そしてその事業もあくまで建築基準法や都市計画法、あるいは農地法や漁業法など（以下、これらを近代法と呼ぶ）の下で行っていることである。総じて、これを現行法の枠内での試みとして、「近代法」（的な総有）として見ていきたい。

端的にいって、これでも相当なことが実行できる。したがって、改めて現代総有法など提唱するまでもない、という意見も当然あるだろう。しかし、このようないわば「近代法」を駆使した技術には、明確な限界があった。

第一に主体論についてである。株式会社などの組織は、外部から見て、総有の「共同利用と共同分配」という本質が見えてこない。株式会社はやはりその本質は営利であり、この一点で非営利を原則とする総有主体と本質を異にする。NPOは最近流行の組織で、市民が主体になるという意味で総有とも接近観を持つが、しかしその本質はあくまで非営利であって、事業を行い参加員にその収益を分配しようとする総有とは異なる。組合は後述するように、総有に多分もっとも適合的なものである。しかし組合も、現在の日常的な語感でいうと、農協あるいは労働組合といった巨大な組織や、その独占的な体質が想起され、私たちの考える総有事業とはかなり異質なものといえるであろう。そこで、この主体論をはっきりしたいというのが第一の課題である。

第二は事業を行う際のルールの問題である。さきに見たように現代総有では、土地所有権をそのままにして土地の利用権を分離し事業を行うというのが普通だが、空き地や空き室あるいは限界集落、さらには廃墟マンションや団地などが増加するにつれ、まちづくりの観点から、これらの撤去、利用権の収用（場合によって所有権も）、再利用などが必要となり、そのような課題にこたえるためには信託、自己所有なども考えなければならない。

またその事業は、建築基準法や都市法あるいは漁業法や農地法など既存の枠組みでは実施できないということが続出するであろうことに留意しなければならない。早い話、人口減少がすすむ都市では、誰もがいうようにコンパクトシティ化が必然となる。そこでは従来の線引きは廃止され、高密度で混合的な土地利用が要請される。これは、線引き、用途地域など、合理主義・近代主義的な観点から制度化された現行都市法は桎梏となる。

また農地法や漁業法はあくまで農業や漁業を現実に行う人のものであり、本質的にそこに株式会社などは参入することができない。しかしそれぞれの事業の六次化、すなわち生産・捕獲から加工そして販売までを一つの事業主体が一貫して行うという観点と、敵対的とすらいってよいであろう。これらがさしあたり、私が近代総有の限界と考えるものであり、これを克服したいというのが、現代総有法提唱の直接的な動機である。

入会権やコモンズとの違い

さらにもう一つ、総有にまつわるネガティブな空気とでもいうような状況についても見ておこう。現代総有法の提唱はこれを打破する最大の武器としなければならない。

総有というと一般的に連想されるのは、明治民法の次のような規定である。

二六三条「共有の性質を有する入会権については、各地方の慣習に従うほか、この節の規定を適用する」

二九四条「共有の性質を有さない入会権については、各地方の慣習に従うほか、この章の規定（地役権）を準用する」

民法では、総有の中心は入会権になっていた。それゆえ、総有全体に関する法学的な理解も、たとえば「団体的拘束が強い共同所有の一形態。団体の構成員には共同所有の目的物に対する持ち分権に対する処分権はなく、管理・処分権は団体に全体として帰属し、各構成員には目的物を使用・収益する権限のみがあるにすぎない」（『コンサイス 法律学用語辞典』三省堂）というように、権利の性格については正確に記述されているが、あくまでその背景にはまさしく江戸時代以来の慣行としての「入会権」があるといってよいだろう。

したがって「総有」というと、「いまさらなぜ入会権なのか」というように、頭から否定されてしまうのである。しかし、現代総有はそういうものではない。これについては、本書の「まえがき」でも、日本の近代国家のなかでの法的な全体的なポジションを示している。

最後に、総有は西洋社会の「コモンズ」の流用なのではないかという反応である。確かに、総有とコモンズは土地の共同利用という点で共通する部分がある。しかし、コモンズはどちらかといえば（「コモンズの悲劇」で知られているように）牧草地、山林あるいは海といった、自然と近いフィールドでの土地利用が主たる研究対象となっており、現代総有のように「都市」が真正面からターゲットにされているわけではない。

現代総有は、国土・都市の再生のための「計画と事業」、それも個々の事業だけでなく、国土計画全体の計画と事業の改革に着目しているのに対し、コモンズはどちらかといえば入会、牧畜、漁業などによる収益、あるいはそれに関連する道路、公園そして若干の公益施設とその対価など個々の現象に着目しているようである。

またコモンズでは「里山」は重要なフィールドであるが、その方法論では里山で生き続けてきたルールを見直し、このルールの優れた部分を現代にも通用させる、というようなアプローチをたどる。しかし、現代総有ではそれにとどまらず、それが有用であるならば、さらに一歩進んで周辺の空き地あるいは空き家・廃屋などを、最終的には総有主体が強制的に取得し、これを再生させていくような、共同の利用とその強制収用を含めた政策と法をどのようにつくっていくかといった、現代的な再生に重点が置かれるのである。

そして最後に、この現代的な総有論はコモンズよりもはるかに開かれていて柔軟だということを強調しておきたい。

コモンズは一定の地域の、一定の範囲での生活の営みが主たる対象となる。現代総有は現代だけでなく未来都市を射程に入れており、その内容もしたがって多様かつ広範囲なものになる。住宅、商店、農業、漁業、教育、社会保障など、要するに都市的生活のすべてが対象になるのであり、その参加員もいくつもの総有に参加し多種多様な仕事をすることになる。そこでは国や自治体という公的セクター、あるいは市場と企業さらにはＮＰＯなどの民間セクターでは解決できない諸問題がテーマとなる可能性が強い。そして共同利用によって得られた収益は、参加員だけに配分されるのではなく、参加員以外にも、また総有対象地域以外にも配分され、したがってまた公的セクターからの補助金や知恵、あるいは人的な援助の対象とされるのである。

このように、現代総有が抱える多様な意義や論点について、民法の総有規定はもちろん、その他定期借地権などの「近代法」では到底処理できず、これに対処する新しい現代的な総有法が展望されなければならないのである。

しかし、このような現代総有法を探求するにあたって、いくつか法学的なアクセスの可能性と限界について見ておかなければならない。

周知のように、日本の法秩序は憲法を頂点とする法体系の下で、一点の齟齬もなく、きちんとした「整合性」を有さなければならない。日本には現在およそ一七〇〇を超える法律があるといわれているが、既存の法律で対応できるものについては新法をつくることができない。そこで現代総有法の提唱にあたっても、類似の法律を参照しながら、憲法の体系的な秩序のなかで、これと異なるルールの必要性と正当性を立証していかなければならないのである。

これを前提に、現代総有法の提唱に必要な法的前提とその改革の方向性を、いくつか以下に見ていきたい。

民法の共有と総有およびその発展

総有を語るにあたって最も問題となるのは、先に見たように「総有」イコール「入会権」イコール「旧慣習」イコール「封建的な秩序」という図式であった。そこで本稿では、まずその法的な克服作業から始めたいと思う。

日本で総有の原始的な規定である民法が制定されたのは、一八九六（明治二九）年のことであった。当時日本は、西南戦争（一八七六年）を経て国内の混乱を克服し、近代国家の構築期に突入しようとしていた。その嚆矢となったのが、伊藤博文が主導して起案した「第一章、万世一系の神である天皇」から始まる一八八九（明治二二）年の「大日本帝国憲法・明治憲法の制定」である。その後、一八九四（明治二七）年の日清戦争にも勝利し、憲法を具体化する民法、刑法などの各法の制定に向かった。

民法は、このうち市民的なルールに関するもので、そこでは封建的な主従の関係を超えて市民の平等が貫かれ、土地所有権も「所有者は、法令の制限内において、自由にその所有物の使用、収益及び処分をする権利を有する」(二〇六条)という規定が置かれた。これが絶対的所有権、つまり自由に使用、収益、処分する権利の私法的根拠である。なおこれは単独所有を念頭に置いたものであるが、複数の人が一つの所有権を有する「共有」の規定と、「総有」の規定(これは、法令上は必ずしも総有という言葉ではなく、前記のように入会権とワンセットとして間接的に規定されている)が入れられた。

総有の規定は次の財産区の項で詳しく検討するように、必ずしも所有関係が明確ではなかった江戸時代の土地所有権について、これを「公」とも「私」とも分離しがたい中間領域の土地利用が行われてきたという認定のもと、その象徴である「入会」を念頭に、その所有の内実を必ずしも「公」と「私」に分解せず、「慣行」にゆだねたとみることができよう。

さて、筆者の提唱する現代総有も、土地に関していえばこの明治民法の総有に基礎を置くものであるが、入会権を復活させようというものではない。これを明確にするために、明治民法の総有を「古典的総有」、私の主張を「現代総有」と区別し、この現代総有を法的に制定していこうと主張しているのである。

立法学的にいえば、以下の検討は「法の発展」とでも呼ぶべきものであり、これは明治民法の共有と現代の区分建物所有法の関係とアナライズして考えていくことができる。

共有と区分建物法

明治民法はまず「共有」について、先に見た単独所有権に対する修正として、持分権（「各共有者は、共有の全部について、その持ち分に応じた使用をすることができる」二四九条）や、共有物の変更（「各共有者は、他の所有者の同意を得なければ、共有物に変更を加えることはできない」二五一条）、さらに管理とその負担（「共有物の管理に関する事項は、前条の場合を除き、各共有者の持ち分の価格に従い、その過半数で決する。ただし、保存行為は、各共有者がすることができる」二五二条）、分割（「各共有者は、いつでも共有物の分割を請求することができる。ただし、五年を超えない期限内は分割をしない旨の契約をすることを妨げない」二五六条）などと定めていた。

共有の典型である共同住宅といえば「長屋」しかない時代に、複数の人々の権利関係を規定するものとしてこの程度のルールがあればとりあえず対処できると考えたのであろう。しかし、時代が進展するにつれ長屋はいつしか超高層マンションに変わっていく。超高層マンションは、数百の世帯を持ち、単独の居室の外に、エレベーター、水道などのインフラ、あるいはエレベーターホールや庭あるいは駐車場などを共同で利用する。またそこでは修理は日常のこととなり、いずれ解体や再建なども問題となる。売買や賃貸あるいは転貸なども頻繁に行われる。これをどうコントロールするか、先の明治民法の共有のルールだけでは到底間に合わない。

そこで制定されたのが、一九六二（昭和三七）年の「建物の区分所有に関する法律」であり、これは複数人が所有するという意味では明治民法に基礎を置くが、その権利関係に関するルールは大幅に変更された。

ざっとその特色を見ておくと、法律の目的（「一棟の建物に構造上区分された数個の部分で独立して住居、店舗、事務所又は倉庫その他建物としての用途に供することができるもの」一条）とし、物権について、単独の所有分（専有）、共有部分を定め、これを一体的にコントロールする。そのため新たに、管理者（「区分所有者は、全員で、建物並びにその敷地及び付属施設の管理を行うための団体を構成し、集会を開き、規約を定め、および管理者を置く」三条）、持分と負担（「各共有者の持ち分は、その有する専有部分の床面積による、各共有者は持ち分に応じて、共用部分の負担に任じ、共用部分から生ずる利益を収得する」一四条など）、集会（二五条など）、法人化（「団体は、四分の三以上の多数による集会の決議で法人となる」四七条）、義務違反者に対する措置（「共同の利益に反する行為の停止、使用禁止の請求、区分所有権の競売の請求、占有者に対する引き渡しの請求」五七条など）、建て替え（「五分の四以上の決議」）などを定めた。

つまり、共同所有にあたって、個人の自由の部分と団体的な制約にかかる部分を区分けし、このコントロールを「管理組合」という法人にゆだねたのである。これが立法の発展である。

ついでにいえば、立法の発展は、実はこれにとどまらない。それは、この区分建物法がどちらかといえば生成期のマンションのルールを定めていたのに対し、時間を経てこれらマンションも老朽化や震災などにより、修繕の段階を経て、解体と再建の問題に移行していったからである。

端的にいえば、ここで問われているのは、そもそも通常時の管理・運営を担うに過ぎない管理組合が、膨大な工事金額を必要とするマンションの取り壊しや建て替えをうまく実行していくことができるかどうかである。

これに対応したのが二〇〇二年の「マンションの建て替えの円滑化等に関する法律」である。ここでは詳しく述べないが、この法律では、区分所有建物法にはない、建て替えのための「組合の設立と法人化」（一〇条など）、取り壊し計画と事業と費用を定める「事業計画」と都道府県知事の認可（一六条など）、さらにゼネコンなどの建築に詳しい専門業者の参加（一六条など）などを定めたのである。

この経過を見れば、明治時代の長屋からマンションの建設、解体と建て替えまで、時代の変化に伴い法律も変わり、内容も明治の立法時には予想もしなかったような進化を遂げていることがわかるであろう。

現代総有法の提唱は、この明治の共有からマンション法へと発展したプロセスと同じように、民法総有の規定を現代的に再編しようというのである。

そこで、あらかじめ共有法との違いを意識しながらそのイメージを伝えておくと、共有がそれぞれの持ち分権を認めたうえで、この持分権を基礎にマンション内部の権利義務関係を規定し、さらに「離脱の自由」を認めているのに対して、現代総有法は、区分所有関係よりもはるかに組織性が強く、「持分権」や「離脱の自由」を認めない。

また区分建物法の主体は「管理組合」とされているように主として「管理」である。マンション法では管理を超えて事業も行うが、事業は自らのマンションの解体と建て替えに限定されていた。これに対して現代総有法では、管理を超えて自ら事業を行い、しかもその事業は内部だけでなく、絶えず外部に広がりを持つ、という点に差異がある。

ではそのような性格を持つ法律は過去に存在しなかったのであろうか。ここでこのような総有法のイメージに近い二つの法律を紹介しておかなければならない。そのうち、一つは、総有主体の内部的ルールの構築として、もう一つは事業法として、新たな現代総有法の提唱にあたり大きな示唆を与えると思われるからである。

財産区と総有

総有といえばすぐ入会権がイメージされることは前に見た。しかし入会権について、江戸時代のそのままに運営されているところはほとんどない。法律に「旧慣行」と書いてあっても、その慣行とはいかなるものか、どんどんわからなくなっている。それ以上に、なんといっても木炭から石炭、石油などへのエネルギー革命、建材としての木材利用の不振、林業者の高齢化など入会をめぐる環境がまるっきり変わってしまったことを強調しなければならない。最近、山菜、木の葉事業、森林浴などの森林活用も模索されているが、多くのところで森林は荒廃し、里山も今や限界集落になっていることは、すでによく知られているとおりである。これらの変質に応じて、明治民法以外のところでさまざまな立法措置が取られてきた。今回検討しようとしている「財産区」も、その一つである。

そこで、まず財産区とは何かというところから見ていくことにしよう。財産区は先に見たような明治以来の土地改革と関係している。日本では先の民法により近代的所有権が確立した。しかし、実は正確にいうと、この民法の制定以前に明治政府は土地改革を行っている。代表的なものは、地租改正に向けて明治初頭から始まった土地官民有区分によりすべからく官民のいずれかに区分せよという政策、そして市・町村制導入への動きのなかでそれが加速されたが、同時に村持、部落有林野など、慣行共有形態の財産関係者から強硬な反対が出ていたため、それへの一種の妥協策として、市・町村制制定の際にこの財産区制度が導入されたものである。そして、江戸時代以来、官でも民でもなく、地元の人々が共同で利用してきた入会やそのほかの用水地、沼地、墓地、温泉などを「村々の共有地」として認めたのである。これが財産区の始まりであり、これは戦後も継続し、地方自治法により「特別区」として継続された【註2】。ここでは、この財産区についていくつかの側面から検討しておきたい。

一つは財産区の設立によって、肝心の入会権はどうなったかということであり、もう一つは財産区と総有はどういう関係にあるかということである。

江戸時代以来（室町時代からという地域もある）、集落近くの里山を利用する人々が、山に入り薪などを採って暮らしてきた。山林はどこの誰のものでもなく、村人全員で共同利用してきた。山林の分割は許されず、集落から離れた人は自動的にその権利を失った。このような土地利用の仕方と生活の在り様を見て、明治政府は、これを先に見たように「総有＝物権」とし、そのルールは当該地域で行われてきた慣行によるとしたのである。

そのうえで、財産区はこの入会権全体のうち、一部を「村々の特別な共有地」として吸収し、戦後もこれは市町村内の「特別な共有地」として継続されたのである（この権利関係は後に見る）。その後、戦後、入会権史上で最も大きな変革となったのが、一九六六（昭和四一）年の「入会林野等に係る権利関係の近代化の助長に関する法律（入会林野近代化法）」の制定である。これは日本が驚異的なスピードで急成長を遂げる時代になっても、里山の長などを頂点として山林で繰り広げられている入会について「封建的で遅れてきたルール」とみなし、これを「近代化」しようとした法律である。具体的には、入会権を「所有権と地上権」に明確に区分して権利関係を明確にするという観点から、実際には活用されていない入会権を解体消滅させ、これを個人所有か共有所有に転換させていくという政策であった。入会権は個人と組合管理に分解したのである。この法律による影響は圧倒的であった。

一九五五（昭和三〇）年の調査によれば、もともと入会は、私有入会林野が約一四五万ヘクタール、先の財産区に編入された入会が七六万ヘクタール、合計二二一万ヘクタールであったのに対し、この入会林野近代化法によって、私有入会林野で五八万、旧慣使用林野で三万ヘクタールが整備されている。

入会林野近代化法ができた一九六六年という年は、日本列島改造が実施される頃であり、開発ブームが沸き起こりつつある時代でもあった。この開発を受けて入会山林は、レジャーランド、別荘、ゴルフ場などに変わっていく。一九七二（昭和四七）年の「森林法改正」、一九七七（昭和五二）年の「リゾート法」制定などが、入会林野近代化法とともにこれに拍車をかけた。

こうして入会権は解体・流動化するようになり、現在では、先の財産区だけでなく、生産森林組合、林野利用農業協同組合、牧野農業協同組合など多様な主体に組織替えしていくことになった。なおここでは「組合」が目立つが、これについてはのちに詳細に検討する。

もう一つ財産区について見ておきたい。これは総有主体の組織論と関係する。財産区は戦後「特別区」となった。それでは、「特別区」とは何か。まず、財産区は市町村とは独立した存在であるが、ただし管理者つまり代表者は市町村長である。これは、実質は部落の財産（部落有）であるが、形式は自治体の財産という、やや複雑な関係を表しているものである。

留意すべきは、財産区には議決権を持つ「議会」（市町村議会の議決事項のうち、予算と決算、条例の制改訂、財産の管理・処分などについての議決権。市町村はこれに対して助言などの最低限の介入しかできない）を持つところと、議決は持たず執行権だけを有する「管理会」（市町村が財産についての管理、運営計画を策定し、市町村議会で審議し、財産区の住民の選挙あるいは推薦により選ばれた管理会が運営する。管理会は、市町村の行う管理行為のチェックはできるが、積極的に財産区の管理・処分ができるわけではない）により運営を行う財産区の二つに分かれるが、特に前者の高度の自治権の保障という点であろう。これは総有主体がより公共性を深めた場合の一つの組織論として現在から未来にかけての組織の在り方（解散を含む）を検討する場合の参考となる。

それではこの高度の自治権をもつ入会権＝財産区はどのように展開したか。

戦後、時代の変化についていけない財産区は、自治権を発揮するまでもなく徐々にすたれていき、そのまま消滅していったところも多い。他方、先に見た開発ブームに応じて、林業以外のスキー場や娯楽施設あるいは別荘地などの経営（財産区の所有権はそのままとし、デベロッパーや別荘所有者に土地を賃貸するか、あるいはスキー場など財産区が自分自身で経営）するようになったのである。このような時代の波に乗った財産区では、入会の収入・支出は林業時代とは、けた違いのものとなった。そしてこれらの収入は財産区内の公民館、河川、圃場などの整備に充てられたほか、さらに、財産区を超えて地域一般の学校、消防、防犯、保健所などの公益事業などに充てられるようになったのである（市町村の一般財政に組み入れられたり、自分自身で事業を行うところもある）。

共益の還元は地方自治法で「特別区」、つまりそれは、私的な所有ではなく、公的なものであるという制度的な特徴でもあるが、ここに「総有」の本質が表れていると見ることもできるであろう。特に現代総有は自己の利益を図るだけでなく、他の利益も図る、つまり「慈悲利他」を本質としており、ここに真の公共性が認められるのである。財産区の収益が非課税となっているのもこれが根拠である、と理解したい。

なお、ついでにこの課税についていえば、先の入会近代化法によって生まれた生産森林組合は、私的な経営体と位置付けられているため、林業不況で収益がほとんどないうえ、法人税、事業税、固定資産税が課せられるという苦境に陥っていることにも留意しておこう。

しかし、これら経済的には豊かであった財産区もやがてバブル崩壊やリーマンショックなどを受けて、開発ブームに乗って建設したホテル、別荘、レジャー施設が廃屋となり放置されるようになってきている。さらにこれら開発ブームの終焉によって職場を失い、財産区内住民の高齢化も進む。

そして一時は成功したかのようにみえる財産区も、やがて旧来的な入会と同じように解体されてしまうのか、あるいは財産区の財産は維持しつつ、土地利用や運営の仕方を一新し、再構築していくのか、現在正念場に立っているのである。少なくとも従来の閉鎖的な組織論ではなく、マンションの再建にあたってゼネコンなどの専門集団の導入を決意したマンション建て替え法と同じような改革が不可避となっているのも、時代の必然である。

現代総有論にとって、入会権が、財産区から入会近代化法、そしてレジャー開発の失敗まで、それぞれの時代の試練に遭遇し、かつ発展してきた歴史は、大きな教訓となる。なかでも、自治体と一部コミットしつつ、高度な自治権を保障する財産区の有り様は、総有主体が成熟して行く場合の、ある種の将来的なモデルを示している、と理解すべきであろう。

組合からワーカーズ・コレクティブへ

ここまで見てきたように、明治民法の古典的総有（＝入会権から出発した総有）は、財産区で見たように入会権そのものが「近代化」され、かつ林業ではなくレジャー産業やゴルフ場経営などに変質していくなかで、内部的な展開としては、行方を見失っているようでもある。しかし、全員で利用しその収益は全員で分配するという本質は依然として変わらず、この部分はもっと強調されるべきであろう。その一点に関して、現代総有はこの財産区に限りない接近観を覚えるのである。

これを現代的に再生するにはどうしたらよいか。そこで現行法のなかで類似の組織を見ると、財産区の章で検討を保留してきた「組合」が浮かび上がってくる。ただ組合にも、先に見たような林業関係だけでなく、周知のように農業協同組合や労働組合あるいは共済組合など、さまざまなものがある。これらは組合員の出資によるという一点で共通するものの、職種の違いや、組織の巨大性から引き起こされる「中央集権的で墨守的で、時代遅れの既得権益集団」といった印象も免れない。

ある意味で、総有というとすぐさま入会権というイメージが浮かぶのと同様、組合というと、このような「害」がイメージされ、嫌悪感を持つ人もかなり多いと思われる。そこで本稿では現代総有論の観点から、身近な市民が自ら事業を行うワーカーズ・コレクティブの活動に取り組んでいる「生活クラブ生協」に着目し、総有主体としての「組合論の再構築」を目指すことにしよう。

組合の法的な論点として、ここでもまず民法の組合の規定「組合契約は、当事者が出資をして共同の事業を営むことを約することによってその効力を有する」（六六九条）「組合事業の執行は、組合員の過半数で決する」（六七〇条）を見ておくことにしよう。近代の組合法もこの民法を原点にスタートしているのであるが、これもいわば一八九六（明治二九）年の民法制定時のままで、共有のイメージと同じように単純・素朴なものである。なかでも決定的な欠陥は民法上の組合は自動的には法人格が与えられず、社会的な活動ができないということであった。

そして組合もこのレヴェルにとどまるはずもなく、共有がマンション法に発展したように、組合も多様な発展を遂げる。現在は、それぞれの業種別に農協法、生協法、水産業協同組合法、商工組合法、中小企業等協同組合法、信用金庫法、労金法、森林組合法など一七の法律が生まれ、すべて法人格を獲得している。これらの法律は、すべて一定の出資に基づいて組合がつくられるという点では共通しているが、内容は業種によってさまざまである。

このなかで私が、現代総有に最も近いとして注目しているのは「生協」であり、なかでもユニークな活動を続ける「生活クラブ生協」である。そこでまず生協法から見ていくことにしよう。

消費者生活協同組合法は戦後すぐ一九四九（昭和二四）年に制定された。同法は、生協について「自発的な暮らしの協同組織である生協を発足させることを通じて、豊かで安定した国民生活に役立てる」

と規定し、この法律に基づいて、地域生協、職域生協、大学生協、医療福祉生協、共済生協など多彩な生協が生まれている（二〇一二年度「生協の経営統計」［コープ出版］によれば、日本生協連加盟総生協数五六八、総組合員二七〇三万人、組合員出資金総額七五五五億円、総事業高三・三兆円）。

生活クラブ生協もこの法律に基づいて、「二百人の女性、既成の左翼運動に疑問を持った数人の青年たち」により「主体的な力で生活を改革し、社会進歩のための活動に積極的に活動しよう」として、一九六五年、牛乳の共同購入事業からスタートし、牛乳工場、生き生き福祉会、牧場、ケアセンター、市民共同発電所などの事業展開を繰り返しながら、二〇一二年現在、総組合員数三五万人の組合員を擁する大組織となった。その規模は、二一都道府県に三二の生活クラブ生協、関連会社七、それぞれのクラブは「運営自立」で、総事業高八〇〇億円、専従職員一二〇〇人というものである。さらに、市民の声を政治に反映させるために生活ネットを形成し、一〇〇人を超える議員を当選させている。

生活クラブ生協の共通原則は、①疑わしいものは使わない（添加物、遺伝子組み換え食品を使わない。消費財二四〇〇品目の放射能検査）、②放射能汚染対策・自然エネルギーなど持続可能社会への取り組み、③みんなで利用・みんなで運営し、市民の力を結集して問題解決、というものである。

生活クラブ生協は他の生協が「より良いものをより安く購入する」という点にとどまるのに対し、「持続可能な生産と消費者をつなぐ」ことを目的にしているのが特徴だが、その必然として、生産と消費を結び付けるだけでなく、自らコミュニティ事業・市民事業を起すことを目的とした「ワーカーズ・コレクティブ」（一九八二年、生活クラブ生協神奈川の「にんじん」が原点）が誕生した。これは現代総有の事業論にも大きな示唆を与える。

通常、協同組合は「出資、利用、運営」の三位一体にとどまるのに対し、ワーカーズ・コレクティブは「出資、労働、利用、運営」の四位一体の「集団的事業、集団的企業家精神」を特徴にし、既に、食品製造・加工（豆腐、パン、菓子など）、外食関連（レストラン、外食）、住まい・住関連（住宅修繕、ペンキ加工、インテリア、美容院、家事援助）、情報・通信関連（コミュニティ新聞、広告・宣伝）、ワーキング・コミュニティ（決算代行、税務・法律相談、人材登録）などの事業が立ち上がり、全国で六〇〇以上の組織が、一六〇〇〇人の雇用を生み出している。

なお、これほどの実績を上げながら、ワーカーズ・コレクティブに関する法律はいまだなく、方便として一部の組織はＮＰＯ、企業組合などの法人格を持っているが、半分近くの組織が法人格を有していないという。ここでも現代総有法と同じくワーカーズ・コレクティブも「法の不在」に泣かされているのである。

このように双方はいわば共通する部分と相違する部分を有している。そこで最後に双方の比較を行っておきたい。

	ワーカーズ・コレクティブ	総有
目的	主として生産と販売重視	コミュニテイ重視
収益と分配	自ら資源を持ち込み、自ら働きその収益は全員に配分される	同じ
建築や都市	修繕や改築の経験	土地所有権と利用権を分離し共同利用を行い、建築や都市をつくる
労働形態	経営と労働の分離なし	同じ
事業の種類	個別・単独の事業が主	主として共同
自治体との連携	ただし下請けの危険	自治体との連携の強化
事業の内容	市民感覚の事業	同じ
援助	補助金などの援助	同じ
事業の公開性	必然	同じ
組織原則	一人一票・出資額に左右されない	原則一人一票だが、出資の内容や質によって差もありうる
規模	比較的小さな組織、絶えず市民がコントロールできるようにする。上限30人程度	大規模な組織もありうる
機能別な事業	執行部などをつくらず総合化しない	総合化を志向する 土地の賃貸、建物の建設 公共施設の建設 農業、漁業、エネルギーなどの自給 雇用の確保、学校・介護施設などの運営 商品の販売
解散時の残りの資金の分配方法	出資金の返還は行わない	自治体移管など
展望	30万人都市の形成	全国、田園都市などがモデル

おわりに

総有事業にとって、組合、生協から学ぶことはとても大きい。組合はイギリスのロバート・オウエンから始まり、今や国際的な組織形態として、国連でもその価値と普及の推進が決議されている【註3】。これを受けて日本でも二〇一二年、国連「国際協同組合年」を契機に、国内すべての協働組合が横断的に組織され、それに伴い、前に見た個別でバラバラな組合法の「空白」を埋めるべく、「協同組合基本法」の制定が準備されるようになった。

総有論の観点からいえば、そこで培われてきた価値＝原則のうち、当時者が出資金を出し合い、資産を共同利用すること、資産の少なくとも一部は「不分割資本」として社会の総有にゆだねること、「一人一票制のもと民主と自治」が追及されること、持続可能な社会を目指すことなどは大いに参考になる。

現代総有法のなかに、組合的な組織の形成とこのような価値観が明確化される必要があろう。

最後に一点だけ付け加えておきたい。それは、現代総有法はマンション法と同じように、組織理念と法人格を持つ主体とその運営のルールを定めるだけであり、それ以上でもそれ以下でもないということである。これによって日本にも組合と同様の新しい組織が生まれる。

しかし問題は、この点は改定によっても、事業は依然として近代法のルールのなかでしか行うことができない、ということである。総有主体が建築や都市づくりをしようとする際、そこでは現在の建築基準法や都市計画法に規定される。たとえば総有主体が被災地で、高さを規制し、三分の一は木材を使用すること、屋根の形や看板への規制などをした美しい町をつくろうとしても、それは現行法では不可能なのである。言い換えれば、田中角栄が日本列島改造、都市政策大綱を推し進めるのに、計画法、事業法、組織法などを次々に制改訂していったと同じように、事業に関係するたくさんの法律の制改訂が必要となる。

現代総有法の提唱はその出発点だということを確認し、これについては次の機会に、個別法の現代的観点からの改正案として検討してみたい。

註

1　五十嵐敬喜『国土強靭化批判:公共事業のあるべき「未来モデル」とは』岩波ブックレット、2013年。

2　地方自治法「特別地方公共団体は、特別区、地方公共団体の組合及び財産区とする」(一条の三)。この財産区については同法の294条から297条まで、財産区の意義(「その財産または公の施設の管理及び処分又は廃止については、地方公共団体の規定による」)、財産区議会、総会の設置(「都道府県知事は、特別区の条例を設定し、特別区の議会の議決をすべき事項を議決させることができる」)、財産区議会、総会の組織・権限、財産区管理会の権限、財産区の運営(「財産区は、その財産の管理、処分、廃止については、その住民の福祉を増進するとともに、財産区のある市町村の一体性を損なわないようにしなければならない」などの規定があり、多くのところでこれを受けて条例を制定している。

3　組合は、イギリス・ウェールズ生まれのロバート・オウエン(Robert Owen, 1771-1858)に始まる。オウエンは「協同組合の父」と称され、オウエン主義者たちが、コミニュティ建設のため消費者生協と生産者協同組合(ワーカーズ・コレクティブ)を経営し、世界で最初の近代的協同組合である「ロッチデール公正先駆者組合」(1844年)にその精神が受け継がれた。なおオウエンが関与した「ニューラナック」は現在、世界文化遺産となっている。さらにこのような理想を実現したものとして、エベネザー・ハワード(Ebenezer Howard, 1850-1928)の「田園都市」があり(本書第三章参照)、これは大平正芳の田園都市論にも大きな影響を与えた。

組合運動は世界的な流れとなり1895年国際協同組合同盟(ICA)が結成され、現在にいたる。

1908年、ICAの総会(モスクワ大会)で、カナダのアレクサンダー・レイドロー博士(Alexander F. Laidlaw, 1970-80)は「21世紀には巨大企業と巨大政府に挟まれた市民に残された唯一の別の選択の道は、自分たちの自身のグループ、特に協同組合をつくることだ」とアピールした(レイドロー報告)。1995年の同マンチェスター大会では、レイドロー博士の高弟であるカナダのイアン・マクファーソン博士(Ian MacPherson, 1939-2013. カナダ・ヴィクトリア大学ブリティッシュコロンビア協働組合研究所所長)の主導で「協働組合のアイデンティティに関するICA声明」を発表。次の7つの共通価値が確認され、全協同組合の定義・価値・原則を提示した。①自発的・開かれたメンバーシップ、②民主主義・運営、一人一票の原則、③組合員の経済的参加、④自治と自立、⑤教育・訓練、⑥協同組合間共同の推進、⑦持続可能な地域社会発展への貢献。

日本でも協働組合運動は戦前からあり、片山潜、賀川豊彦、吉野作造、新渡戸稲造など、キリスト教社会主義、都市社会主義、大正デモクラシーなどの時代背景の下で先駆となった。戦後急速に組合が成立したのもこれら戦前の運動の蓄積が大きい。

理念と新しい制度

第二章

歴史と評価

第三章　総有をめぐる学際的交流

第四章

現代総有論の歴史的位相とその今日的意義

高村学人

はじめに

本章では、本書全体で提唱されている現代総有論の特徴を、これまでの法学での土地所有権論と入会権論、そして近年のコモンズ研究との対比において位置づけ、現代総有論の歴史的位相とその今日的意義に迫ることにする。

現代総有論が目指すもの

まずは、筆者の理解に基づき現代総有論の内容を要約する。五十嵐敬喜を中心に提唱されている現代総有論は、人口減少・都市縮小といった時代状況を背景として、空き家・空き地・空き店舗の増加などの形で都市において土地の過少利用が近年発生していることを新たな問題として引き受け、都市再生の手法を探る中で登場してきた理論である。

過少利用問題を解決する手段として提唱されているのが、高松市丸亀町商店街が実施した都市再生モデルである。丸亀町では、商店街内での細分化された土地所有権に対し定期借地権制度をも用いながら

丸亀商店街　筆者撮影、2009 年 7 月

権利変換の仕組み

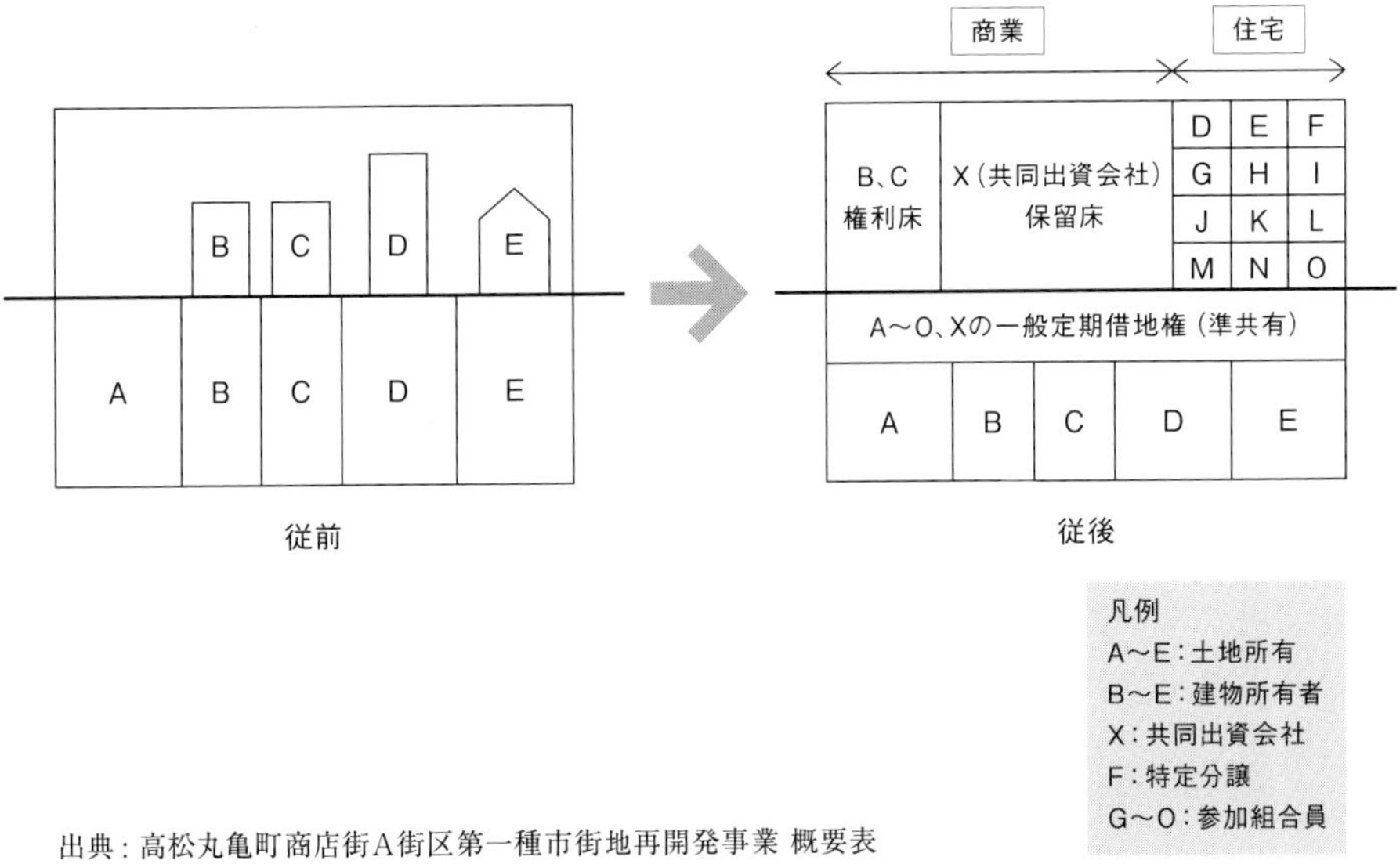

出典：高松丸亀町商店街A街区第一種市街地再開発事業 概要表

所有権から利用権を分離し、その利用権を集約する地域主体としてまちづくり会社が再開発計画を立案していった。このまちづくり会社は、計画のための合意形成を担うだけでなく、事業に必要な資金も地元の投資家に株式を購入してもらう等の手法で調達し、自ら事業実施を行い、再開発後も地域のエリアマネジメントを総合的に行い、成功を収めている。

この丸亀の事例から、成功のための要素として、①所有権と利用権の分離、②地域主体による利用権の集約化、③土地利用計画の立案、④事業実施・エリアマネジメントのための事業組織法の整備といった点が引き出せる。この事例を手懸かりとして、現代総有論は、新たな所有法、計画法、事業組織法を構想するのであるが、これらの法を別々に立法化するのではなく、都市計画法改正の中でワンセットのものとして総有法を組み込むことを提唱している点が注目される【註1】。

法律と法学の縦割り化を超えて

そこでは、縦割り化された法体系への批判があり、都市法の総合性を総有法によって取り戻すことが目指されている。しかし、法体系の分立が進展し、法学の専門分化もそれに応じて所与のものとなった今日では、現代総有論の壮大な構想は、理解されにくい状況にあるかもしれない。

また総有と聞けば、法学者は、入会権を想起する。よって、日本法学で伝統と蓄積がある入会権論と現代総有論の異同も明らかにされねばならない。

そこで、次には、これまでの土地所有権論と現代総有論とを対話させることから現代総有論の歴史的位相を明らかにすることにしたい。

土地所有権をどのように基礎づけるか

今日、土地が他の物と変わらず、商品交換の対象として流通することが一般化し、不動産証券化やサブプライム・モーゲージ（住宅ローン担保証券）といった形で不動産から派生する諸権利からより高度な金融商品を生み出すことが普及した現在、土地とは何か、土地所有を基礎づけるものは何であるか、という問いは、忘却されつつあるかもしれない。

自己労働に基づく土地所有権の正当化

しかし、本来、全地球民の共有物であり、人間自身が生産したわけではない土地が、どうして所有権の対象となるのか、所有権の対象となるのであればどのような原理によって正当化されるのか、という問いは、土地所有権論として法学・政治思想上の最重要のテーマをなし、歴史の転換点においては常に熱心に論じられた。

ロックは、人が自らの身体を用いて労働を行った成果物はその人に帰属するのが当然である、とし自己労働から所有権を基礎づけた。国家の役割は、この所有権を擁護する最小限のものとすべきというのがロックの市民政府論である。この自己労働による所有権正当化論は、その後も所有権論の中で最もオーソドックスな位置を占め、大きな影響を持った。

フランス革命を準備した重農主義者達は、耕作される土地こそが富の源泉であるとし、封建制社会の諸特権から土地所有関係を自由にすることを主張し、身分ではなく、土地を所有しかつ利用する者たちこそが新たな近代社会の担い手と唱えた。

もちろん、実際の歴史過程は、独立自営農民に土地と自由を与えるという単純な形を取らなかった。また、所有権者＝土地利用者ではなく、所有権から利用権が切り離され、利用権を厚く保護した点にこそ西欧近代法の土地所有権法の特徴があったとする研究も我が国では活発になされた【註2】。

しかし、所有権そのものの基礎づけは、フランス民法典の起草過程でも、自己労働説に基づいており、各人が自らの生存を保護することを保障する必要があるという点から説明された。よって近代初期段階では、所有権者＝土地利用者というモデルが基本におかれ、土地利用の調整も、所有権者の諸義務を法律によって上から具体化するという方法は取られず、所有権者が相隣関係を重視して調整を行うことを前提に、さらに必要な利用規制は、住民自治を基盤としながら自治体のポリス規制で行うという形が取られていた。入会共有地・共有林も同様に住民の自治規範に基づき管理がなされていた。

私的所有権（Privateigentum, propriété privée）と言うと、皆が共同で利用している共有地から、それぞれの人が奪い取り（privare）、他者の利用を禁じたという否定的な語感が伴う。しかし、自己労働に基づき、利用を住民間の共同規制に一致させた形で行う所有は、個体的所有（individuelle Eigentum, propriété individuelle）として、各自の生存を支えかつ共通善の発展にとっても不可欠なものとして正当に位置づけられていた【註3】。

土地所有権の現代化

しかしながら、土地所有権が資本にとっての投機の対象となり、また資本主義的な工場生産が土地を基盤に行われるようになる一九世紀後半期に入ってくると、所有権の絶対性というドグマが法学でも形成されるようになり、所有権が相隣の利用関係を考慮するという形から離れ、人の物に対する絶対的で排他的な支配権として理解されるようになる。利用を伴わない所有、相隣に害をもたらす利用も「所有権の自由」として講ぜられることになる。

一八九六年に制定・公布されたドイツ民法典の編纂作業が本格化したのは、ちょうどこのような時期であり、資本主義の進展に伴う社会問題が深刻化していた。しかし、法学においては、社会問題・社会法を重視する法学ではなく、個人主義的なローマ法学の系譜にあるパンデクテン法学が影響力を持ち、民法典の草案を起草する立場にあった【註4】。

ドイツ民法典の第一草案では、所有権は、人の物に対する絶対的な支配権として位置づけられ、かつ土地所有権を他の所有権と総則において原則的に区別せず、商品交換での処分権を中核において所有権を定義するという考えが打ち出された。

この第一草案の考えに対して最も鮮明な批判を行ったのが、ゲルマン法学の系譜にあるギールケである。ギールケは、土地利用秩序は、個別的に所有されている土地であっても地域共同体による規制が伴うのが本来であり、それ故、土地法は、固有の領域を持つものとした。これに対して、民法典草案においては、土地が専ら取引の対象としての私的地片法として個別的に把握されるに過ぎず、土地利用への公的規制は、ラント（州）毎に特別法として立法化されれば良いという考えが示されていた。

ギールケが強く批判したのは、土地法の固有性を否定し、私的地片取引法を普通法、土地への公規制を特別法とすることで土地の性質を分裂して把握する民法典草案の思考方法であった。また、民法典草案の起草者達が、土地利用に対するラントの特別法や相隣関係に基づく制限を許容してはいるものの、ギールケは、草案では、所有権が権利としての側面からのみ抽象的に把握され、所有に伴う義務が規定されていない点を批判した。ギールケは、とりわけ不動産には動産と比べて強力な義務が所有権に伴うことを主張した。

このギールケによる民法典草案批判は、部分的にしか、成立した民法典に取り入れられなかったが、一九一九年のワイマール憲法では、「所有権には義務が伴う（Eigentum verpflichtet）」（一五三条三項）という有名な規定や、「土地の耕作および充分な利用は、土地所有者の社会（Gemeinscahft）に対する

ゲルマン法学者オットー・フォン・ギールケ
（Otto von Gierke, 1841–1921）

義務である」（一五五条三項）という規定が置かれ、ギールケが強調した所有権の社会的義務が前面に打ち出されることになる。

その後、ナチズムに突入し、ドイツでの土地所有に伴う義務の強調は、民族主義・人種主義・全体主義と結びつく形で過度に展開されるが、「建築の自由」を否定し、都市計画に合致し許可を受けた場合に初めて建築を可能とする現代都市計画の考え方、すなわち「建築の不自由」の原則は、この時期に成立したものである。

公法・私法の分離から土地法の総合性の回復へ

日本の民法学にも大きな影響を与えた法史学者のヴィーアッカーは、ナチス期の法発展を逸脱とは見ず、土地法の現代化という歴史過程の中に位置づけるという理解を示す【註5】。

ヴィーアッカーは、本来、空間秩序の中に位置づけられるべき土地が、私法では、個々の「地片（＝土地の一かたまり）」が私的所有権の対象とされたために、後に公法的土地法が「空間秩序（Raumordnung）」による計画を重視して発展した結果、土地法の構造が私法と公法が並立する二元主義的秩序になってしまったとする。土地法の現代化とは、後者の公法的土地法による計画化傾向が強まることを言うが、そのように計画法制が強化された場合、当然ながら所有権の内容も、絶対的な支配・処分権を中核としたものから、具体的な管理権能を中心とするものへと変容するとヴィーアッカーは論じた。

我妻博士も、このヴィーアッカーの土地法把握に強い影響を受けており、「所有権」を抽象的に交換価値の側面から把握するのではなく、ヴィーアッカーが「各種の物に対するその社会的作用に応じた具体的な管理機能」として所有権を把握し、動産と不動産に適用される原則を区別し、土地法の固有性を論じていたことを高く評価していた点が注目される【註6】。

このような所有権論史の中に位置づけてみるならば、現代総有論が私法と公法の二元論を批判し、新たな都市計画法の中に、所有法と計画法と事業組織法との統合を提唱していることは、法学史からの逸脱ではなく、土地法が私法と公法とに分裂したことに伴う諸矛盾を正面から止揚・克服しようとする歴史的和解の試みとして位置づけることができよう。

商品交換での処分権を所有権の中核に置くのではなく、地域主体による規制や利用を所有権概念の中心として捉え、所有権に伴う義務を強調する現代総有論の主張も、ゲルマン法学の系譜の中に位置づけることができよう。

入会権論との関係づけ——どちらが古典に忠実であるか

次に入会権論との関連で現代総有論の特徴を位置づけてみよう。五十嵐は、日本の民法・法社会学研究が熱心に取り組んだ入会権論を農山村の旧慣保護を念頭に置いた古典的総有概念と位置づけ、他方で、自らの現代総有論を、今日の都市を対象とし、未来都市のあり方の基本原理となる点で現代的であるとしている。そして、自らの現代総有論の展開にとって、「何と言っても障害になっているのが法学界の民法・物権法の「総有」概念である」としている【註7】。

しかし、「総有」の古典的概念は、日本の入会権論が継受したよりももっと広がりのあるものであった。そこで、以下では、「総有」概念が本来どのようなものであったか、を確認することを出発点に、入会権論と現代総有論のどちらかが本来の「総有」概念に忠実であるのか、を考えてみたい。

ゲルマン法の概念としての「総有」の原型

総有とは、先のゲルマン法学者であるギールケが、『ドイツ団体法論』で中世ゲルマンでの仲間的村落共同体の構成員が村落の共同所有地に対して有していた権利関係を歴史的に錬磨する中で構成した法概念である。共同所有地は、村落生活に不可欠なものであったので、不分割地として村民全体に属し、共同所有地の管理方法や処分の決定は、構成員全員が平等な立場で参加する村会に委ねられた。他方で、この共同所有地から収穫された産物は、各構成員の私的所有が認められた。ただし、共有とは異なり、各構成員は、持分権や分割請求権を有せず、村落構成員たる資格を失うと、共同所有地への権利も同時に喪失した。

このように描かれた総有関係が、徳川時代から各村落の慣習的利用が認められていた日本の入会権の特徴とも類似するものであったため、日本の法制史・法社会学・民法学の研究者は、ギールケの総有の概念から入会権を基礎づけるという方法を取った【註8】。

明治期に入り、地租の基盤確立のために土地の官民有区分が行われ、その位置づけが曖昧であった入会権の地位が脅かされる事態が各地で起こったこと、明治民法で入会権の規定が置かれたものの、国家が入会権を冷遇し、農民の権利を簒奪する政策をその後も展開したこと、地主階層と農民との間で入会権の理解をめぐる紛争が続発したことが、日本での入会権の研究の発展を不可欠とした背景であった。

入会権私権論に基づく総有概念の援用

ところで、ギールケの総有の概念は、村会の構成員資格たる身分法、管理方法や処分の審議・決定方法といった公法的・組織法的な要素と、各構成員の収益権といった私法的要素の両側面を本来、持っていた。

これに対して、日本の入会権論は、入会権の国家による剥奪に対抗するという必要性が強かったために、入会権を私権として位置づけた。よって、総有は、実定法学上は、共有、合有の次に来る共同所有類型の一つとして民法の教科書の中で解説されるに留まり、総有が本来持っていた村落共同体の生活全体を貫く構成原理という性質が弱まるという結果になった。

もちろん入会権を私権として位置づけたことで、裁判においても国家による入会権の剥奪に勝訴し、形式上、国有地に編入された入会地の上にも地役的入会権を認めさせるなど、農山村の生存基盤を守る上で入会権私権論の果たした役割は大きい。

他方で、入会権の私権としての側面のみを強調したために、農業生活と密接に結びついた村落民による入会地利用が事実上消滅し、土地を軍事基地やゴルフ場といった特殊な用途のために賃貸した場合でも入会集団の入会権が存続し、大きな賃料が旧村落に入ることにもなり、農業生活と対立する筈の用途からの収入に依存した生活を送る地域を生み出すという帰結も招くことになった。

また入会権私権論が唱えられた狙いとしては、近代化とともに入会集団がいずれ解体するので、解体後の権利処理としては、入会地を分割して構成員の私的所有としていくのが望ましいという政策判断もあった。

これらの点に注目してみれば、日本の入会権論が国家に対する対抗を重視し、私権の側面ばかり強調した結果として、総有の村落生活そのものから発生した構成原理である公法的・組織法的な側面が捨象され、村落民による利用が伴わなくなった状態である断片化された旧慣を既得権として擁護する機能を持ってしまったと言える。

これに対して、現代総有論は、都市での今日的な土地管理のための所有法を提唱するだけでなく、管理・利用秩序を定める計画法、管理・利用方法を意思決定していく事業組織法が併せて提唱されており、総有概念が本来持っていた公法的・組織法的な要素を再生させようとしている。

このように考えれば、逆説的に、現代総有論の方が、総有の古典的概念の持っていた広がりある意味に忠実であり、入会権論の側が日本での実践的課題のために総有の内容を私権論として限定的に位置づけたという整理も可能となるかもしれない。

意思決定ルールのあり方

総有概念との関連でもう一つ論じなければならない点として全員一致原則がある。総有は、仲間的共同体の法原理であり、村という団体が村人たちという構成員から独立・分離して観念されない点にその特質がある。よって、新たな構成員の承認、管理方法の変更、共有地の処分に関しては、全員一致を要するという原則が導かれた。

しかし、ギールケが意図したのは、全員一致原則という決議方法を取ったとしても、共有とは異なり、村落共同体は、対外的には一つの実在として法関係の主体たり得るということであり、入会地（Allemende）に関する意思決定ルールは全員一致原則でなければならない、ということではなかった。

ところが、日本の入会権論においては、重要な管理方法の変更や入会地の処分については、全員一致原則であるという学説が形成されてしまった【註9】。この全員一致原則は、入会地がリゾート開発や迷惑施設の立地のために用いられる可能性が出てきた場合、そのような用途に異議を唱える村落内の少数者の意見や権利を保護するという点で積極性を発揮する場面があるが、他方で、入会地は入会権者の全員が拒否権を持つために移転不能の土地である、入会権では利活用の促進を期待できない、という理解を招いた【註10】。一九六六年の入会林野近代化法は、このような入会権の不動性を解消することを目指すものであった。

それでは、現代総有論は、入会権論が全員一致を原則としたのに対して、どのような意思決定ルールを示すものであるのか。丸亀町のまちづくり会社をモデルとしている点では、マネジメント部門での迅速な意思決定、経営感覚の発揮を期待していると言える。他方で、協同組合の原理に注目する点では、構成員の平等と参加を重視しているとも言える。

迅速・経営判断型と平等・参加型どちらの原理を採用するかは、まちづくりのステイクホルダーをどこまで広げるか、という論点にも関わってくる。農山村での入会地利用と異なり、都市での土地利用や事業展開には、さまざまなステイクホルダーが関与してくることになる。

総有団体の定款で事業理念の定義づけをはっきり行うことも、総有団体にさまざまな権限を法的に付与する上では、不可欠な前提となろう。多様なステイクホルダーを前提としつつ、事業理念を上手く達成するという側面では、会社法でコーポレートガバナンス論として論じられていることとも共通項が多いかもしれない。意思決定ルールや組織原理の点を、現代総有論が、総有という歴史概念を古典としながら、どこまで具体的に体系化できるかは、日本の団体法制全般にとっても重要なものとなろう。

「アンチ・コモンズの悲劇」を回避するために

これまでは、現代総有論を、日本の法律学における土地所有権論、総有・入会権論を対比させながら、その特徴を論じてきた。それでは、学際的かつ国際的に展開しているコモンズ研究との対比で現代総有論を位置づけるなら、どのような特色と課題が描き出せるだろうか。以下では、この点を論じていく。

過剰利用問題に取り組んできたこれまでのコモンズ研究

コモンズ研究は、ハーディンが「コモンズの悲劇」で描いた問題、すなわち稀少な共同資源を構成員が自分のみの短期的利益を追求してしまう結果として資源が過剰利用されてしまい、皆の生存の持続が不可能となってしまう問題を解決することを目指して発展してきた学問である。

すなわち、コモンズ研究の中心課題は、資源の過剰利用問題であったと言って良い【註11】。これに対して現代総有論は、空き家・空き地・空き店舗の増加などの形で現象している都市での土地の過少利用問題を中心課題としている。よって、研究の対象フィールドが、農山村の自然資源であるか（コモンズ研究）、現代の都市であるか（現代総有論）、という違いよりも、むしろ、取り組もうとする問題の性質が、過剰利用問題か過少利用問題なのか、といった点で大きく異なっていることを認識することが大事になろう。

過少利用問題に取り組む新たなコモンズ研究

しかし、コモンズ研究の中からも資源の過少利用問題に正面から取り組む研究が発展し、有力なものとなっている。

二〇一三年に北富士で開催された国際コモンズ学会で基調講演を行ったマイケル・ヘラーの「アンチ・コモンズの悲劇」論【註12】がそれである。コロンビア大学のロースクールで所有権法の教鞭を取るヘラーが問題とするのは、所有権が分割化・細分化され過ぎた結果として生じる資源の過少利用問題という悲劇である。

ヘラーは、左図のように、誰の所有にも属しないオープンアクセス資源、共同利用規制が行われることが望ましい共同資源（Common Pool）、特定の人に排他性が認められている私的所有された資源という従来の資源分類に加えて、アンチ・コモンズの所有状態にある資源というカテゴリーを新たに提起した。ヘラーは、アンチ・コモンズを以下のように定義している。

「アンチ・コモンズの所有状態とは、多数の所有者が、稀少な資源から他者を排除する権利を持っており、誰一人として効率的な利用特権を有していない状態のことを指す。あまりにも多くの所有者が利

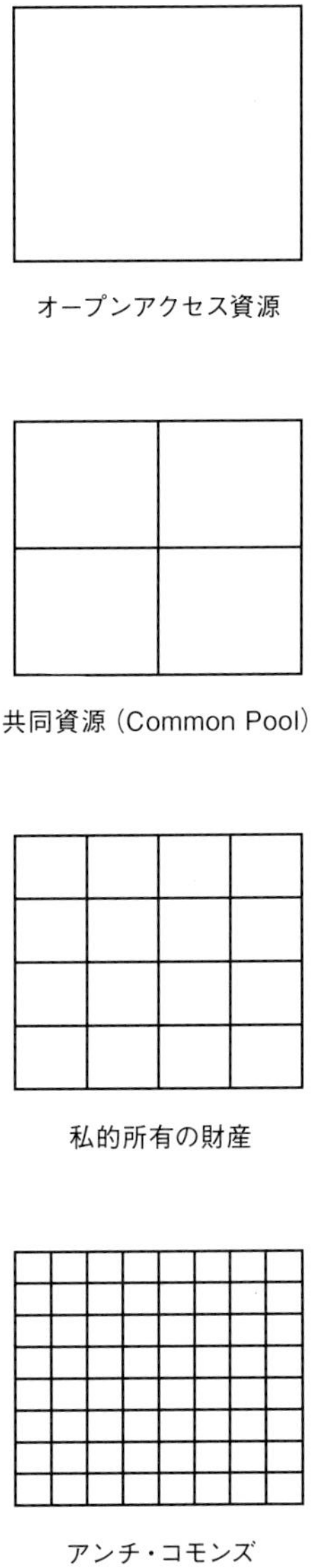

ヘラーによる資源・所有類型の分類

用を拒絶する権利を持っている場合には、資源は、必然的に過少利用となる。これが、アンチ・コモンズの悲劇なのである」【註13】。

ヘラーが、「アンチ・コモンズの悲劇」の状態とした一つの有名な例としては、医薬品開発における特許権の過剰な主張と細分化が挙げられる。アメリカでは、政府の資金援助を受けた基礎研究であっても、その成果についての特許権が研究者や大学・企業に認められるようになった。よって、皆が利用すべき「川上の基礎研究」の特許出願が増大し、特許権が私有化・細分化された。その結果、新たに応用研究として新薬開発を行おうとする者は、数多くの特許権者から使用許諾を得たり、特許使用料の交渉を行ったり、といった巨額の取引コストを引き受けざるをえなくなり、イノヴェーションへの意欲が削がれた。皆が利用することが望ましい基礎研究の成果が過少利用される結果、医薬品の開発がストップし、人類全体にとっての効用が低下する。これがヘラーの挙げる「アンチ・コモンズの悲劇」の一例である。

このヘラーの「アンチ・コモンズの悲劇」論は、知的財産権の保護を進めすぎたが故にその後のイノヴェーションや創造を妨げることになった知的財産法の現状を理論的に上手く説明するものであったため、知的財産法の分野を中心に大きな影響力を持つに至る。

「アンチ・コモンズの悲劇」論の土地所有権法への応用

しかし、ヘラー自身は、本来は、不動産法を専門としており、「アンチ・コモンズの悲劇」論文において主として扱っているのも不動産所有権の分割化・細分化に伴う問題である。

ヘラーは、社会主義体制崩壊後のモスクワの観察から論文を出発する。モスクワでは、路上のキオスク店舗が非常に活況を呈している一方で、建物の内の店舗は、メインストリートに位置していても空き店舗が目立つ状態になっている。キオスクの出店調整を行っているのは、法律ではなく、マフィア組織によるインフォーマルな調整である。他方で、建物内の店舗の所有権や利用権については、社会主義から市場経済に移行していく一九六〇年代の過程において地方分権化と並行して様々な立法改革がなされた。ところが、様々な法律が作られてしまった結果として、所有権者が何でも決定できるという状態ではなく、様々な所有権者、利用権者、バランスシート保有者、規制権限者が発生し、それぞれが分割された権利を持ち、特定の利用方法を拒絶できる拒否権を各自が有することになってしまった。よって店舗利用を行うには、とても複雑な権利関係を辿りながら、全員の同意を得てこなければならない状態になってしまい、このような高い取引コストの結果として、一等地であっても空き店舗が目立つという過少利用状態が生じるに至ったのである。

ヘラーがここで例としている所有権分割化の行き過ぎは、旧社会主義国が、西洋近代法のように一物一権主義というシンプルな構成を取らず、所有権の内容をさまざまな利用権、利用規制権限へと分割しすぎてしまったことを「法的アンチ・コモンズ」の失策として批判するものである。

しかし、ヘラーは、所有権の内容がシンプルな構成を取っても、対象となる不動産自体が細分化され過ぎたために、効率的な利用が行われない「空間的アンチ・コモンズ」という問題がまた別個に存在することを指摘する。

この「空間的アンチ・コモンズ」の例としてヘラーが論文の中で最初に挙げるのは、また旧ソ連のコミュナルカ（komunalka）というコレクティブハウジングの一ユニット内での所有権の細分化である。コミュナルカは、ソヴィエト時代に、大都市での住宅難に対応するために、二～七程度の複数の家族が一ユニットの中で生活するために生み出された居住様式である。各家族は、一ないし二部屋をリビングルームとして排他的に使用するが、キッチンやバスルームは共用空間とされている。

社会主義体制崩壊後、このコミュナルカの中で各家族が排他的に有していた部屋の使用権が所有権へと変更される改革が行われた。しかし、このコミュナルカでの居住スペースは十分なものではない。よって、不動産事業者が部屋毎の所有権を買い取り、大幅にリフォームした上で一家族向けの住宅ないしオフィスへとコンヴァージョンするのが効率的な不動産利用である。しかし、それには全所有者の同意を

コミュナルカの構造と暮らし（出典：http://kommunalka.colgate.edu/）

要するためにほとんど行われず、時代に対応した修繕が行われない。その結果としてコミュナルカ内にも空き部屋が増えるに至り、都心の一等地に面する建物であっても過少利用になっている。これがヘラーの言う「空間的アンチ・コモンズ」の典型である。

日本の土地所有権法の制度分析へ

この「空間的アンチ・コモンズ」は、旧社会主義国に限らず、ヘラーは、日本の土地法がアンチ・コモンズ状態の出現を防ぐという考え方を持っていなかったために、日本にも見られるとする。とりわけ日本の土地法の脆弱さに伴う問題は、阪神淡路大震災後に悲劇として出現したとする。

日本では、第二次世界大戦後、所有権の対象となる土地がとても細かなものへと分割化され、さらに土地の上の借地権者や借家権者も厚く保護されたため、神戸では、一街区に三〇〇人以上もの借家・借地権者、土地所有者、転貸人が存在するようになった。震災後の復興計画が前進するためには、これらの人々の全てから同意を得ることが必要となるため、震災後も復興がなかなか進まない状態にある。このような状況もヘラーは、「アンチ・コモンズの悲劇」の具体例として挙げているのである。

このヘラーの問題関心は、丸亀町商店街が細分化された所有権を集約化することで都市再生を実現したことに注目し、そのスキームを東日本大震災後の復興まちづくりに活かそうとする現代総有論の関心とも重なるものであろう。

そうであるならば、われわれの所有類型論も、公的所有と私的所有の二元論を前提として、私的所有に伴う問題を克服するための手段として土地の協同化を第三の道として描くのではなく、「アンチ・コモンズの状況にある所有状態」という類型を新たに挿入することが、各地域の土地利用状態の分析、われわれの所有権法の制度分析にとっても有益なものとなるのではなかろうか。

ヘラーは、「アンチ・コモンズの悲劇」によって資源が細分化され、経済が鉄格子にはめられている現状を打破するための「ソリューション・ツール・キット」として、①資源が過少利用状態になっていないか、を絶えずモニターしていき、鉄格子にはめられたように資源の利用が不可能となっている場合には、それを「アンチ・コモンズ」の状態と命名し、問題を広範囲に訴えかけていくこと、②アンチ・コモンズの状態を生み出しかねない所有権の分割化・細分化をもたらす法律を禁止していくこと、③分割化・細分化された権利を集約する仕組を創ること、を提唱している【註14】。

このヘラーの提言は、現代総有論の研究プログラムを具体的に前進させる上でも手懸かりとなろう。ただし、ヘラーは、「アンチ・コモンズの悲劇」の例として、成田空港建設に反対した農民達が、土地所有権を根拠にして抵抗を長年に渡り続け、滑走路建設が遅れたことも挙げている。ヘラーにおいては、効率的な土地利用の方法が人々の属性や価値観によって異なってくることは前提とされておらず、国家にとっての効率的な土地利用とそこで生活を継続したい農民にとっての最適な土地利用方法とが原理的に対立するものであることが意識されていない。

よって政策決定者の視点から一元的に効率的な利用の内容や尺度が定められうるとするヘラーの理論を現実に応用するには、慎重さが求められる。

しかし、われわれが直面している空き家・空き地・空き店舗の増大といった都市での過少利用問題の要因を分析していく際には、人口の減少、需要の低下、市街地の空洞化といった社会・経済的な要因からのみアプローチするのではなく、個々の不動産の権利関係に注目しながら、利用を妨げている法制度的な要因を探っていくことも不可欠となろう。

そのためには、ヘラーが提起した「アンチ・コモンズの悲劇」というモデルは有益である。各地域の土地の過少利用問題の事例分析を重ねつつ、われわれの所有権法制度そのものが、そのような悲劇を生み出す構造を持っていないかどうかを検証していくことがわれわれに求められる作業となろう。

おわりに

現代総有論は、都市での土地の過少利用という新しい問題に取り組もうとする点で現代的である。しかし、法律の縦割り、法学の専門分化を乗り越え、土地所有権論から出発して私法・公法に分裂した土地法の総合性を回復する法体系を構想する点で法学史における土地法論のオーソドキシーであると位置づけることができる。

入会権の私権としての側面が強調された結果、狭められて理解されてしまった「総有」概念が本来、持っていた公法的・団体法的な側面を再統合することで新たな総有法を提示しようとする点でも、「総有」概念の古典の意味により忠実なものと位置づけることができよう。

コモンズ研究は、オストロムがそうであったように、「コモンズの悲劇」の解決策として地域コミュニティによるインフォーマルな統制機能に注目してきた。他方で、現代総有論は、法制度のあり方をより重視している。この点も、資源の過少利用問題を解く方法として、インフォーマル組織による調整よりも、所有権法そのものの制度改革を唱えるヘラーとの共通性が高い。

ただし、資源の効率的な利用方法が何であるか、については、古典的な入会地であれば意見の一致が容易であった。しかし、ヘラーの議論に投げかけられているように、どのような都市的土地利用のあり方が良いかは、ステイクホルダーの立場によって評価が分かれてくる。よって、現代総有論の今後の課題としては、意思決定ルールや組織原理のデザインをより具体化していくなかで、地域内の少数者の意見や権利を尊重しながら、上手く調整を実現していくためのルールづくりをいかにして行うか、ということがあろう。

そのためには、「アンチ・コモンズの悲劇」という分析フレームを手懸かりに、資源利用が権利関係の複雑さが要因となって鉄格子にはめられたようにブロックされている事例を収集・分析し、この複雑さを解きほぐすことに上手く成功する仕組みを数多く作り上げ、そこから原理となるルールを導いていくことが必要となる。

その際、私的所有権制度一般に土地問題の要因を求めるのではなく、所有類型論を豊穣化しておくことが必要となる。一方の新たな類型としては、地域の共同利用規制に即した形で各個人が自らの生存のために土地を所有しかつ利用するという個体的所有を、もう一方としては、所有権が分割化・細分化されすぎたために利用不可となっている「アンチ・コモンズの状況にある所有状態」という類型を設けることである。このような所有類型論を持つことによって、現代の所有権制度を有効に分析していくことが可能となると思われる。

註

1　五十嵐敬喜・野口和雄・萩原淳司『都市計画法改正「土地総有」の提言』第一法規、2009年。

2　甲斐道太郎『土地所有権の近代化』有斐閣、1967年。

3　平田清明『市民社会と社会主義』岩波書店、1969年。

4　以下でのドイツ民法典の編纂作業と草案への批判については、石部雅亮編『ドイツ民法典の編纂と法学』(九州大学出版会、1999年)を参照。

5　F. ヴィーアッカー『近世私法史』鈴木禄弥訳、創文社、1995年。

6　我妻栄『民法研究I 私法一般』有斐閣、1966年、PP. 341, 370。

7　五十嵐敬喜「総有と市民事業：国土・都市論の『未来モデル』」『世界』2013年6月号、P.148。

8　中田薫『村及び入会の研究』岩波書店、1949年。

9　川島武宜『民法I 総論・物権』有斐閣、1960年、P. 262。

10　同上。

11　高村学人『コモンズからの都市再生』ミネルヴァ書房、2013年。本書では、資源システムの維持管理や再生のために必要な労務供給という新たな問題に取り組むことを試みた。

12　Michael Heller, "The Tragedy of the Anticommons: Property in the Transition from Marx to Markets," *Harvard Law Review*, Vol.111, no.3, 1998, PP. 621-88.

13　同上。

14　Michael Heller, *The Gridlock Economy: How Too Much Ownership Wrecks Markets, Stops Innovation and Costs Lives*, Basic Books, 2008.

現代的総有システムを構築する農村部の試み

社会学的総有論と国家法との接合に向けて

廣川祐司

はじめに

現在、多くの農村部では、過疎高齢化にともなう放置山林や田畑の耕作放棄地が解決するべき喫緊の課題となってきている。一度人間によって利用された二次的自然環境は、継続的な人間による撹乱（利用）と手入れ（管理）が行われなければ、現状を維持することは不可能である。このような自然への人間の継続的な関りによって形成された二次的自然環境は一般的に「里地里山」といわれ、自然と人間との共生社会を目指す上で、一つのモデルとして認識されつつある【付記1】。

日本の農村部において里地里山を現在まで維持することができた理由は、入会と呼ばれる伝統的な制度と、その制度を運用していくために必要な地域社会の強固な共同性があったためである。多くの農村集落には、住民が日々の生活に必要な資源を手に入れるための共同利用地が存在する。この共同利用地は入会地と呼ばれ、地域コミュニティが共同で管理し、地域コミュニティに所属する者であれば、地域社会で培った様々な慣習やルールに則り、自由に利用することが許されている。具体的には、薪などの燃料、山菜やキノコなどの食料、そして飼料や建材として利用できる茅などの生活物資を、この入会地から入手していたのである。入会地から得られる資源の多くは、当時の日常生活には欠かすことのできないものであり、入会地の荒廃は自らの生活を困窮させることに繋がる。したがって、生活の保護、さらに言うなら生存権の保障という観点から、法的にも入会地で生活に必要な資源を採取する権利は民法(二六三条・二九四条)で「入会権」として認められている。この権利は、民法制定時の明治時代に農民の生命と生活を守るために認められたものである。

また、入会地は二次的自然環境であるため、継続的に利用および管理を行う必要がある。そのため、地域コミュニティで資源の特性や地域の事情に即した、独自のローカルルール(慣習法)を作り、そのルールを順守しない者にはペナルティを課していた。現在でも、集落内の道(農道・林道・里道)の除草作業を行う「道普請」に参加しない世帯からは、不参金と称する罰金を地域コミュニティが徴収するという慣習が残っている地域も多い。

このような日本の伝統的システムである入会という制度や、それに伴って醸成される地域社会の共同性によって、地域社会に存在する環境資源は良好に保つことができたと分析する論考が、近年、環境社会学分野を中心に増えてきている【註1】。また、在地社会に根付く「総有的所有観」の存在は、農村社会学や農業経済学における先行研究において、すでに明らかになっている【註2】。彼らを中心に提言されてきた「総有的所有観」は、村落共同体社会において内部秩序として機能し、集落内の公共的な土地利用秩序を形成してきた。しかし、現代社会においては閉域としての村落共同体が、近代化の中で経済的・社会的・政策的に解体され、人・物・資本などがグローバル規模で地域社会の中に流入するようになっている。このような社会変化が生じつつも、歴史的な「総有的所有観」が脈々と継承されている地域や、共同的実践活動（市民運動）によって新たな「総有的所有観」を形成している地域が存在する。しかし、このような所有観はあくまで共同体内においてのみ効力を有する観念上の秩序であり、新たに地域社会に参入しようとする新住民や企業などに対しては法的な拘束力は存在しない。地域社会において人々の活動を暗黙のうちに制限し規定する、観念上の法秩序は法社会学において「生ける法」と称され、実効力のある慣習法として研究対象とされてきた。しかし、「生ける法」は近代法体系の「国家法」との間に極めて深淵な相克が存在し、その原理の異質性から時として対立構造となって地域社会に現れる。

本稿の主たる目的は、この異質な双方の相克をいかに解消し、近代法的価値観や法秩序が一般的な行動基準となっている現代社会において、地域社会の共同性を醸成し環境保全に寄与する「総有的所有観」を内包した法理論や法システムを模索することである。

ローカルな法秩序としての総有的所有観の形成

環境社会学における総有論

環境社会学は「居住者の視点、生活者の視点、被害者の視点から環境問題全体に接近するための方法論や技法を有している」【註3】とされる。環境社会学の中でも、社会学的総有論を展開したのは「生活環境主義」という生活者の「経験論」によって環境問題への解決策を模索する研究グループである。その代表的論者は、鳥越皓之や嘉田由紀子である。彼らの主要な分析ツールとして頻繁に用いられている概

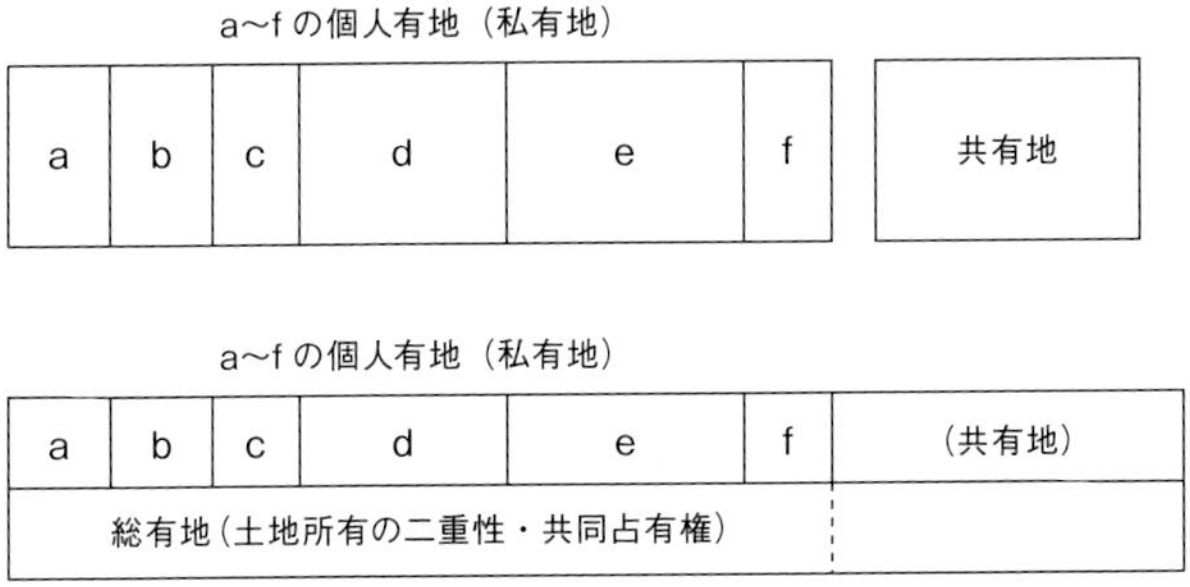

図 1 土地所有のあり方　出典:鳥越皓之「コモンズの利用権を享受する者」（『環境社会学研究』1997 年第 3 号所収）の図を一部修正。

念に、「重層的所有観」というものがある。「重層的所有観」とは、たとえ私的所有地であろうとも、その背景には地域コミュニティ（ムラ組織）によって「総有」の網掛けがなされており、「土地所有の二重性」が存在するという見解である（図1）。特に農村部を中心に地域社会においては、実際にこのような所有観が住民の中に存在し、その原理が近代法に基づく所有概念よりも重視されることがあることを、民俗学者の菅豊も同意している【註4】。

鳥越は「当該地域を占拠している集団が一定程度の高さで組織化をとげていると、この『所有の本源的性格にもとづく権利』は個別の人間だけではなくその組織そのもの（原初的には共同体）が網掛けのような形でもつ」とし、「それは当該地域に住んでいる人たち全員が、地域社会住民〝総体〟としてもつ権利で、土地所有権のレベルではそれは『共同占有権』と表現するのが適当であろう」と論じている【註5】。さらに経済学者の平田清明は、所有は「私的（private）所有」と「個体的（individual）所有」に分類されると指摘する【註6】。排他的に財を支配する「私的所有」に比べ、「個体的所有」はその背景に「幻想的共同性」があり、グループの仲間や構成員と認識される者に対しては、無断であっても一定の利用が許容される。このような共同体（共同性）を背景に創出される所有観は、平田も「たしかに共同体が獲得している法意識は、占有であって所有ではない」【註7】と指摘しており、共同体に埋没した個人とは異なる、独立した個人が成立した後の市民社会においても、この所有観は「個体的所有」として残存することを提起している。この点において、平田の見解は鳥越らの主張する現代社会における「共同占有権」と通底する点があるといえる。

さらにこの「重層的所有観」や「共同占有権」は「総有」に基づく本源的所有形態であり、「総有」の現代版であるとしている。そしてこのような所有観や原理が、現行民法下においてもそれが機能していると鳥越は評価している【註8】。鳥越らが提唱する「総有」や「（共同）占有」という用語は、元来法学における法概念である。しかし、これらの用語は正確に法学における概念を踏襲したものではない。したがって、法学者のいう「総有」と社会学を中心とする非法学者の提唱する「総有」との間で齟齬が生じている点に注意が必要である。

ムラ社会における「総有」的土地所有観

鳥越らが「重層的所有観」や「土地所有の二重性」を提起した背景には、マルキシズムの影響を受け「本源的所有」のあり方を日本の伝統的村落共同体（ムラ）に求めた農村社会学や農業経済学の研究者による「総有」概念の提言があった。彼らは一九六〇年代から七〇年代にかけて、農林業センサスの実施のため農業集落の地理的空間の範囲（領域性）を定める必要があり、その実態調査によって「ムラの領域」という概念が集落住民に認識されており、二重性の存在を発見したという【註9】。川本彰は、この「ムラの領域性」をムラの人たちが「領土」と呼んでいたり、「オレ達のムラの土地」と呼んでいたりすることを調査によって発見している【註10】。ムラには「家の財産」として「家産」が存在するのと同様に、「ムラの財産」たる「ムラ産」というべき土地が存在しているのである。その上で川本は「ムラにおける土地所有に私的所有と総有の二種類がある。しかし、ムラにおいてこの二つは相反するものではなく、私有にも、その基底に総有が潜在的に働いていた」【註11】と結論付けている。したがって、「農地の私的売買でも部落領内の土地は他部落に渡さないように心掛ける。そのため多くの場合、分家の土地売却は本家にまず相談され、本家の手に余れば部落総代が相談にのる」【註12】という手続きがとられるのである。これはたとえ「家産」として私的所有地となっていようとも、それは「ムラ産」というムラ全体の財産の一角をなしているとの思いが共通認識として存在するために生じる現象である。このような現象はまさに鳥越の提言する「土地所有の二重性」が存在している証拠に他ならない。

また、川本のみならず渡辺兵力も、「ムラ総保有」という言葉を用い、ムラ社会に「重層的所有観」が存在することを発見している。「伝統の村落における地域住民の土地についての心情は『村落産的土地観』であったと考えられる。いいかえると、ある村落の領域内の土地は今日の法制からみれば個々の農家の私有地であっても、ムラ的考え方では『ムラの土地』(村落総保有地)という意識を伝統的に持っている」【註13】との見解を示している。さらに、守田志郎はこの「総有」概念を「共同体的所有」と称し、近代的法体系の「共同所有」との違いについて言及している。守田は「市民社会への憧憬と市民社会の美化が、私たち日本人に私的所有の美化を無意識の行為とさせている」【註14】と指摘し、私的所有の美化によってその所有概念とは異質の「共同体的所有」が批判の対象になったと、「私的所有」と「共同体的所有」の対立構造を提起した。その際、注意すべき点は、「共同体的所有」と「共同所有」が異なるということである。市民社会における近代的法体系として存在する「共同所有」は、単に私的所有の集合的概念であって、「私的所有」とは対立するものではないと指摘していることから、守田の示す「共同体的所有」は近代的法概念には包摂されない、ある種前近代法的なまさしく「(村落)共同体」による「所有」形態なのであろう。

新たな「総有」論の試み

このように農村社会学・農業経済学の分野では一九七〇年代から八〇年代にかけてムラ社会における「総有」論が活発に議論されていた。その後、一九九〇年代後半に農村社会学において形成された「総有」概念を踏襲し、環境問題や社会問題等に対し有効な処方箋として用いようとしているのが、鳥越を中心とする「生活環境主義」の研究者グループである。鳥越と同様に「生活環境主義」の立場をとる環境社会学者であり、滋賀県知事（二〇一三年現在）の嘉田由紀子も、「総有的領域管理は、〝貧しかった時代に〝共同体として生き抜くため〟の選択肢でもあったかもしれないが、その選択肢は、二一世紀に向けて人類が選択しうる、数少ない方策の一つかもしれない」【註15】と「総有」の現代的意義について評価している。また、入会等の所有構造を理論的に分析した吉田民人も「民法にいう〈総有〉的な構造は、決して入会権など前近代的な遺制に限定されず、社会的共通資本をめぐる公的機関の排他的管理権能と一般市民に非排他的な利用権能との対抗という、きわめて現代的な課題を提供していることに注目したい。〈総有〉形態の復活といってもよいのではなかろうか」【註16】と述べている。つまり、現代における「総有」論は、単なる村落社会を基盤とした伝統的な「総有」論の再評価ではなく、近代的所有権の根本的な見直しを迫るとともに、新しい「総有」論の確立を目指し、環境問題や社会問題の緩和に向けたより具体的な政策的な視座を提供しているのである。

現在もなお実際に大都市部を除く地域社会においては、社会学者が言う意味での「総有」的な意識が住民の間に存在していることは確かである。しかし、後にふれるように市民社会化、近代法的関係性の浸透、グローバル市場経済化などの影響を受け、伝統的な村落共同体が支配するような古典的な総有原理が未だに機能している地域はほとんどないであろう。経済・社会の趨勢に適合しつつ変容し、新たなシステムとして地域の様々な問題の解決に向け機能している「新たな『総有』的スキーム」は、社会学者の井上孝夫の指摘するような「前近代における共同体的人間関係へと退行する」イメージとは乖離していると言える【註17】。井上の指摘とは「入会ないし総有の中世的形態を念頭において環境保全のためには総有の再建が必要だ、などというのは歴史認識における倒錯ということになるだろう。現代に生きるわれわれは前近代における共同体的人間関係へと退行することなく、むしろ近代的な権利関係の徹底化をはかっていくべきだろう」【註18】というものである。

鳥越らが指摘するように、「総有的所有観」が地域環境の改善や保全にプラスに機能していたことは多くの事例からすでに立証されつつある。しかし、その「総有的所有観」はあくまで地域住民間での意識的な秩序や認識であって、同質的かつ閉鎖的な地域社会が瓦解しつつある現代社会においては、その機能は限定的である。地域社会に絶えず新たな参入者が流入している場合は、意識的な共通認識としての社会秩序は、制度としては極めて脆弱な状態である。

新たな「総有」論の課題としては、井上の指摘のような「総有」的関係性を解体し近代的な権利関係を徹底化することではない。これまで住民の共通意識として醸成されてきた「総有的所有観」を法的にいかに解釈し、その所有観を維持・創造させるための法制度や法技術をいかに構築するかが問われているのである。その際、効果的な具体策として考えられるのが、五十嵐の提唱する「総有法」の制定による「総有団体」の設立である。権利の束として機能する入会や総有は、個別に所有することで弊害となる可能性もある。しかし、現在は未だに総有法の制定はなされておらず、機能別に特化した団体によって総有財産が管理・利用されているのが実情である。

胎動する現代的総有制度の仕組み

本稿では、静岡県伊東市池区（図2）を事例として取り上げる。池区には池区民が歴史的に茅場として利用していた入会山の「大室山」が存在する。この大室山を中心とした池区の共同利用地を、本稿ではコモンズとして論じることとする。この地域では炭焼きを生業とする者が多く、大室山の茅は炭俵や秣、茅葺き屋根の建材、農耕の肥料など多様に利用されており、まさしく広大な茅場は池区民の重要な財産であった。しかし一九五〇年代後半（昭和三〇年代）になると、炭（木材）は石油に代替され、茅葺き屋根は瓦屋根やトタン屋根、コンクリートに代替されていった。また、飼料や肥料も輸入される安価な合成飼料や化学肥料に代替されていったのである。それゆえ、茅の資源価値は大きく低下し、徐々に茅を利用する者もいなくなっていった結果、池区の入会地は徐々に荒廃していった。

大きな転機は一九五五（昭和三四）年一〇月に伊豆シャボテン公園が開園し、池周辺にも多くの観光客が訪れるようになったことである。それを機に、池区では大室山を観光資源として新たな価値づけを行い、その収益をもって池区の入会地を維持しようと考えた。一九六一（昭和四〇）年二月二五日に池区民の出資によって、「池観光開発株式会社（以下、池会社）」が設立され、登山リフト事業を中心とする営業を開始した。また株式会社制度を利用することによって想定される弊害に対応するために、「池

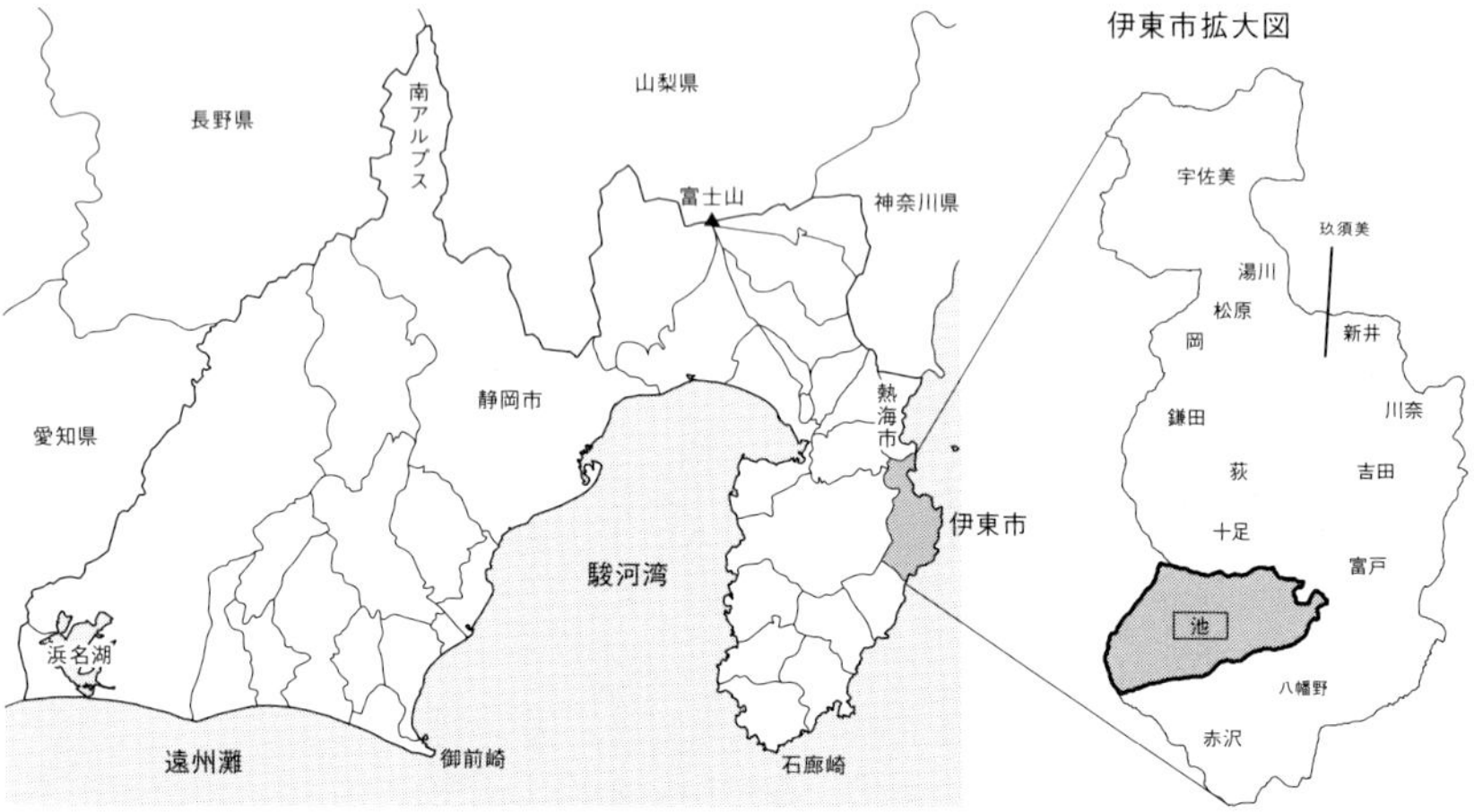

図2 静岡県伊東市における池区の位置（筆者作成）

総有財産管理会（以下、管理会）」という「権利能力なき社団」を池区民は設立した。ちなみに池区民と池会社の株主、そして管理会の権利者はほぼ一致しており、古くより池集落に居住していた入会権者が三団体の構成員となっている。

このような池区の入会の変容について、注目すべき点は下記の二点である。一点目は茅場として利用していた入会山を観光資源へと変容させ、新たな価値づけを行ったこと。二点目はコモンズの利用・管理の主体が入会団体から、「株式会社」と「権利能力なき社団」に変容したことである。一点目については、グローバル市場経済の浸透によって、生活に必要な物資は市場を通じて入手するようになり、茅の資源価値が著しく低下したことに対応するために生じた現象である。良好な茅場を維持するためには、毎年火入れを行わなければならない。しかし、価値が下落した茅は、生活の必需品という立場を失い、放棄され荒廃する運命にあった。放棄された茅場は、次第に木が生え森林となっていってしまう。歴史的に培われてきた茅文化や良好な草地景観を維持していきたいという思いは池区民にあったが、利用しなくなった茅場は管理費用や手間のみがかかり、維持しようと思うと住民に大きな負担となる。

より利便性の高い財、より安価な財、より質の高い財をグローバルな市場システムによって、簡単に入手することができる。不採算資源となった入会地の維持管理コストを賄うためには、再度入会地を利用することによって収益を得なければならない。しかし、茅の資源価値はすでに低下している。そのため池区のコモンズに新たな価値づけを行わなければならなかった。伊豆シャボテン公園の開園により、池区周辺部に多くの観光客が訪れるようになったため、茅場としての良好な草地景観、そして富士山や相模湾、伊豆七島、天城連山などの見事な眺望を売りにして、池区民は大室山に登山リフトを設置した。

池区民の狙いは功を奏し、「株式会社」は近年では年間約五千万円の純利益（収益から経費や税金を引いた額）がある。収益の内、経費として人件費や管理費などの他、毎年数百万円が大室山の修繕や保全費用（山焼きの費用の一部）に充てられ、約二千万円は地代として地権者である「管理会」に支払われている。「管理会」は所有する山林などの整備のため、池区に山林管理費として年間約七〇〇万円を支払っている。池区が得る約七百万円は集落内の地域環境の保全だけでなく、コミュニティや地域文化を維持するために使用される。例えば、老人会や婦人会への活動費の一部補填、集落の祭事費用への助成、集落の氏神を祭る神社を管理する氏子組織の活動費の補填など、池区の活動は池区民の日常生活を支える仕組みになっている。

次に注目すべき点は、入会の利用・管理の主体が入会団体から、「株式会社」と「権利能力なき社団」になったことである。入会団体は村落共同体の内部秩序を維持するための政治的組織であり、コミュニティ活動や祭事・葬儀などを行う社会的な組織でもあった。また資源を共同で利用・管理するための経済的組織でもあり、まさに生活の総体として機能していた。

しかし現代社会における入会団体は、法的にも社会的にも大きな制約のもとに存在している。入会団体は法人格を取得できないので、法的な権利能力は極めて低い。例えば入会団体名で登記や大規模な経済活動（契約など）は行えない。また法制度的には、入会団体は私的な一団体として認識されるため、公的援助や市民活動による援助も得られにくい。

池区では、生活の総体としての入会団体を機能別に三分割している。一つ目は集落の公共的役割を担う行政区としての「池区」である。池区は消防団や老人会、婦人会などのコミュニティ活動や、集落のインフラ整備、地域環境の保全活動（道普請など）、祭事（氏子組織の援助）、地方自治体との折衝などが主たる役務である。二つ目は集落の共同経済事業を行う経済団体である「株式会社」である。かつて入会団体は入会地を利用し、共同造林事業などの木材生産を行う経済事業団体としての側面を有していた。池会社は登山リフト事業を中心として行い、コモンズを維持するための資金を外部社会から得る役割を果たしている。三つ目は集落の総有財産を管理するために作られた管理会である。実際、総有財産は集落の代表者三名による記名共有による登記であるが、共有者三名は「本件土地の権利はわれら三名のものではなく、池集落全体の権利・財産である」旨の念書を作成したという。

この三団体は強固なネットワークで結ばれており、機能別に細分化し有機的な結合を遂げることによって、コモンズを維持・管理している。このシステムを、私は「池システム」（図3）と呼んでいる。この三団体の構成員は歴史的に池集落に居住していた入会権者であり、どの団体もメンバーはほぼ一致している。このメンバーの同一性が三団体を強固に連結させている要因の一つである。さらに、池区では株式会社制度を利用するにあたり新たなローカルルールを設定した。まず「株式会社」の株主は「管理会」の権利者でなければなれないこと、そして「管理会」の権利者となるためには、未来永劫池区内に居住する意思がある者、かつ父母のどちらか一方が池の出身者であることが管理会の規約によって定められている。つまり、歴史的に入会権者の流れをくむ者でなければならないということである。また権利者は三か月間池区を離れると、「管理会」の権利を失うという規定もある。「管理会」の権利者でなければ、株式会社の株主になれないため、転出者などの株式は「管理会」が買い取るようになっている。したがって、必然的に入会権の原則の一つである「離村失権」が保たれているのである。

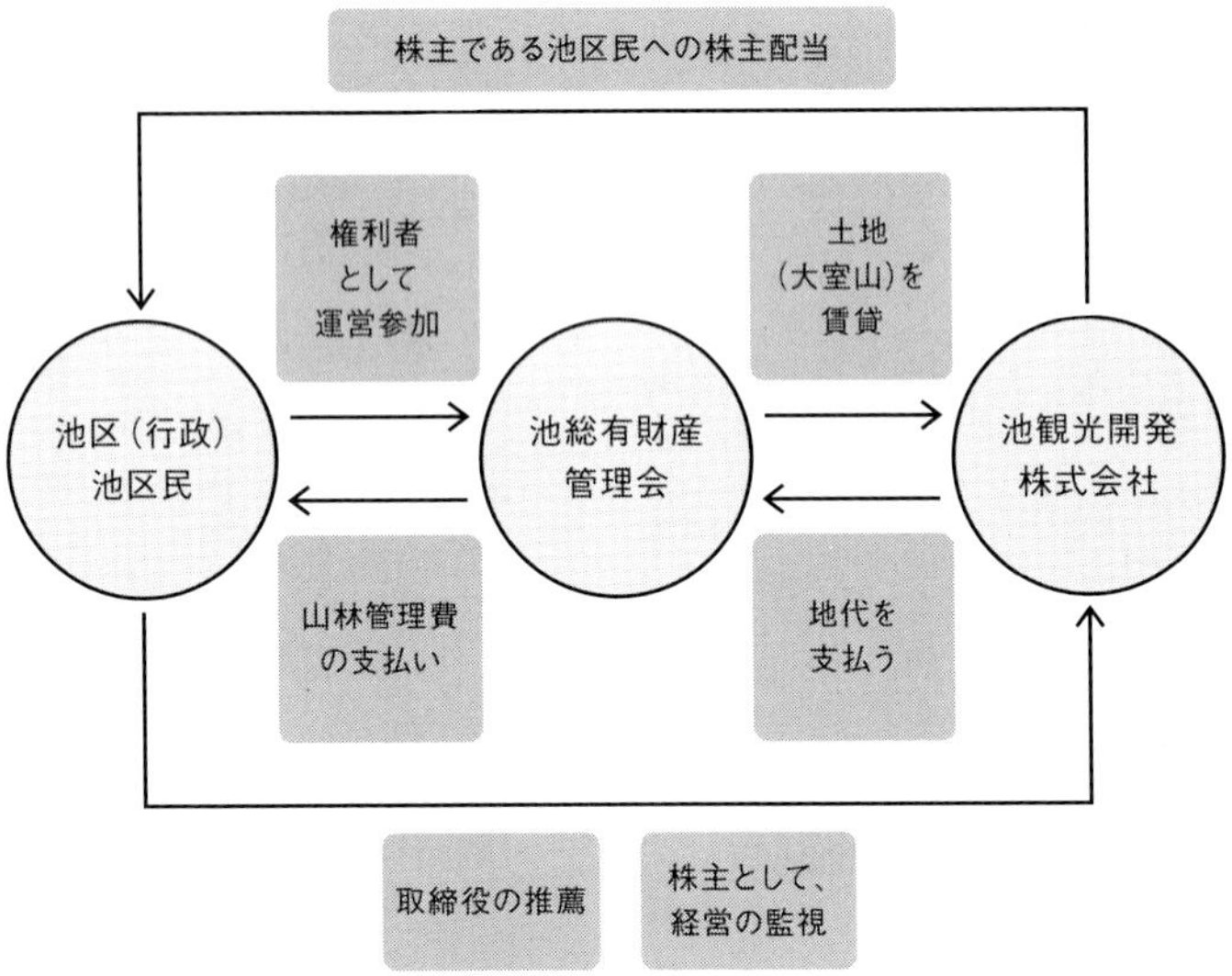

図 3 池システム相関図（筆者作成）

さらに池区では株式会社が利益追求にのみ走らないように取締役会に関するローカルルールも新たに策定している。株式会社の取締役会は八名で構成されている。常勤として働いているのは高い経営能力を有する常務だけであり、他の七名は非常勤である。社長は歴史的に池区の区長が務めることが多く、残りの六名は池区内の六町内会から各一人を推薦し、株主総会で承認することで決定される。池区民は必ずどこかの町内会へ所属しているため、株主会社の取締役会は池区民の総意が反映される仕組みになっている。そして株主総会においては、株主は全て池区民であるため、いわばかつての寄合のようである。

このように池区ではコモンズの主体を現代法に則った組織へと変容させていった。会社法・商法に則りコモンズの利用主体として「株式会社制度」を利用し、民事訴訟法や行政法、法人税法に記載があり、判例においてもその実体が保障されている「権利能力なき社団」の制度を利用して、総有財産の管理を行っている。歴史的な入会制度は、入会権者が自ら入会権を行使し、地域環境資源を利用・管理することを想定して作られたものである。その機能・権能を「株式会社」と「権利能力なき社団」とに分化させ、その上でローカルルールによって池区を含む三団体が有機的連結を果たしている。現代法に則った制度利用のため、広く社会的な承認も得られ、法的な保護(権利の付与)に関しても得ることが可能となっている。池区が行政区として地域の公共的役割を担うことは自然なことであるし、管理会が土地の権利者として総有財産の利用方法や用途規制を行うのも自然な形である。また池会社が、管理会より大室山を借り受け、地代を払うことによって経済事業(収益事業)を行うことも、なんら不思議なことではない。したがって、この「池システム」というのは、法による妥当性と社会的な承認を得ることによって、入会権者であった池区民が引き続き権利を行使することの正当性を担保している制度であると考えられる。

おわりに

本稿では日本に伝統的に根付いてきた入会をもとに、現代的な総有システムの在り方を模索してきた。しかし、ご覧いただいたように、現在は総有を担保・規定する法律が十分には整備されておらず、地域の実情に合わせて様々な法律を複数組み合わせることによって、法的な権利と社会的な承認や正当性を得ているのが現状である。地域コミュニティの強化や地域環境の保全、地域自治などに関し、有効に機能する可能性がある「総有」が、現在なぜ法制度的に十分確立されていないのだろうか。弁護士で法学者でもある五十嵐敬喜によると、「法学界では総有はいわゆる『入会権・温泉権・漁業権』などの前近代的で封建的な概念という観念が強く、これが検討部会での法務省などの強い抵抗の根拠となっていた」【註19】という。しかし、本稿では封建的な伝統的総有システムをそのまま現代社会に適応させようとしているわけではない。五十嵐も絶対的土地所有権とは異なる「相対的な所有権を基にした複数人による集団的利用に切り替える」【註20】必要性を主張しており、それを「現代総有」と呼んでいる。現状では様々な法律を組み合わせ、ローカルルールによって地域社会の共同性を担保しているが、今後この現代総有を法的に担保する制度の必要がますます高まってくるのではないだろうか。五十嵐は関連する様々な個別法を徐々に改正し、最終的に総有法に集約していく可能性を示唆している。

本稿で取り上げた池区の事例は単なる一事例にすぎないが、すでに既存の法制度を利用しつつ現代総有システムを構築しつつある地域が存在しているという事実をご紹介できたことは非常に意義深いことであると思う。環境問題、地域コミュニティの衰退、過疎高齢化、地域自治など、これら様々な現代社会の抱える病理を解決していくためには、地域社会の市民や住民が協働して、自立した地域社会を構築していく必要があるであろう。その際、現代総有の果たすべき社会的役割は極めて高いものとなると私は感じている。

最後に今後の展望としては、五十嵐も提起しているように、東日本大震災の復興を促進させる手法として「現代的生存権」の保障という観点から、「総有の町づくり」が渇望されている。滋賀県長浜市においては「まちづくり会社（Town Management Organization）」を設立し、総有的なまちづくりをすることによって統一的な景観の醸成や町の共同意識の醸成が可能となり、長浜曳山祭りの資金面での補助や観光客の増加などがその効果として表れている【註21】。しかし、TMOは商工会議所、商工会、第三セクター機関等行政寄りの機関でなければ設立ができなかった。本来、総有によるまちづくりには、生活者の視点や自立した地域経営が望まれるため、地域コミュニティを軸とした公共的な役割を担う民間組織（市民団体）が望ましい。入会権や総有は「権利の束」として初めてその効果を最大限発揮する。総有法の制定することによって設立可能となる「総有団体」にこそ、これらの役割を私は期待したいと思う。

付記

1　二〇一一年一〇月に名古屋で開催された「生物多様性条約第一〇回締約国会議」（COP10）において、「生物多様性の保護」「持続可能な社会の構築」に向けた戦略として、日本における伝統的な自然と人間の共生システムであるとされる「里山」の仕組みを手本にした、「SATOYAMAイニシアティブ」が世界的に目指すべきモデルとして採択された。

2　本稿は科学研究費補助金「コモンズのオープンアクセス化に伴う新しいコモンズへの展望と課題の克服」（研究代表者：廣川祐司）の成果であるとともに、科学研究費補助金「環境政策におけるコモンズの公共性研究」（研究代表者：鈴木龍也）の研究成果でもある。また、本稿は二〇一一年度京都大学大学院人間・環境学研究科に提出した博士論文「環境保全の観点から見た総有的所有観の現代的意義」の一部を抜粋し、大幅に修正・再構成を行ったものである。

註

1　嘉田由紀子「生活実践からつむぎ出される重層的所有観」『環境社会学研究』1997年第3号、PP. 72–85／鳥越皓之『環境社会学の理論と実践』有斐閣、1997年／三輪大介「入会における利用形態の変容と環境保全機能」『環境社会学研究』2010年第16号、PP. 94–108。

2　川本彰『日本農村の論理』龍渓書舎、1972年／守田志郎『小さい部落』朝日新聞社、1973年／渡辺兵力『村を考える：集落論集』不二出版、1986年。

3　飯島伸子編『環境社会学』有斐閣、1993年、P. 7。

4　菅豊「環境民俗学は所有と利用をどう考えるか?」『環境民俗学』昭和堂、2008年、PP. 109–35。

5　鳥越皓之『環境社会学の理論と実践』有斐閣、1997年、P. 68。

6　平田清明『市民社会と社会主義』岩波書店、1969年。

7　同上書、P. 141。

8　鳥越皓之、前掲書、P. 56。

9　鳥越皓之「コモンズの利用権を享受する者」『環境社会学研究』1997年第3号、P. 8。

10　川本彰『日本人と集団主義　土地と血』玉川大学出版会、1982年。

11　同上書、P. 138。

12　同上書、P. 108。

13　渡辺兵力、前掲書、P. 236。

14　守田志郎、前掲書、P. 214。

15　嘉田由紀子、前掲書、P. 81。

16　吉田民人『主体性と所有構造の論理』東京大学出版会、1991年、P. 351。

17　井上孝夫「環境問題における所有論の限界と環境保全の論理構成」『環境社会学研究』1997年第3号、PP. 165–78。

18　同上書、P. 175。

19　五十嵐敬喜「総有と市民事業」『世界』2016年6月号、P. 148。

20　五十嵐敬喜「総有の都市計画と空地」『季刊まちづくり』2013年38号、P. 4。

21　角谷嘉則『株式会社黒壁の起源とまちづくりの精神』創成社、2009年。

コモンズ論の系譜とその広がり

現代総有論への架橋の試み

茂木愛一郎

はじめに

二〇一三年六月、第一四回国際コモンズ学会（四二〇名の研究者、出身国五七カ国）が富士吉田市で開催されたが、公・私のはざまに位置するコモンズ【註1】の対象資源とその管理形態に、近年関心が高まっているといえよう。日本においては入会の関係がそれに相当し、世界をみても様々な形態でコモンズは実在し、現在も機能している。このコモンズをテーマとする研究組織、国際コモンズ学会はその原型が一九八九年に発足し、長らくこの分野の研究リーダーを務めたE・オストロム（二〇〇九年ノーベル経済学賞受賞者）の所属するインディアナ大学を拠点に北米を中心に発展してきた学会である。すでに四半世紀近く活動を続ける学会でありながら日本での開催は初めてとなったが、日本の入会への関心とともに今大会の際立った特色としてあげられるのが、これまで研究の対象となるだけでいわば受動的な立場にあったコモンズの権利者（commoners）が研究者とともに共同主催者として名乗りをあげ積極的に学会開催を支援したことである。その入会権者とは開催地の富士吉田市に立地する入会団体、恩賜林組合（正式名：富士吉田市外二ヶ村恩賜県有財産保護組合）【註2】であった。

今回の大会は「入会から世界を変える　ひと・自然・暮らし・つながり」を基本テーマとしたうえで、一四のテーマの研究部会が設定された。主要なものを示すと、①災害下の生活保障に繋がるコモンズと社会関係資本、②商業化とコモンズ、③都市のコモンズ、④コモンズと実定法の衝突、固有文化との関わり、⑤コモンズ内の公平・分配上の公正、⑥国家――社会関係、政治的抵抗手段としてのコモンズ、⑦コモンズに関わる重層性・複雑性、⑧地域エネルギーとの関係、炭素シンクとしてのコモンズ、⑨グローバルコモンズ（ディジタル資源、生物多様性や遺伝子資源、文化遺産）、⑩コモンズをめぐる市民運動（得られた教訓と戦略）などであった。

これらのなかでは、東日本大地震下の被災地域とコモンズの問題などを扱った①やコモンズ論の抱えるホットなテーマであるコモンズとそれを取り巻く外部環境との相互関係の問題を扱った⑦には多くの論文が集まった。②、④、⑤、⑥に関しては途上国において切実な問題であることが多く、今回も議論が集中した。③の都市のコモンズは、本稿でも後述するが、先進国、途上国を問わず関心の集まるテーマであった。また、日本の入会に関するセッションや北富士地区の恩賜林組合の歴史と今日の活動をテーマにしたフォーラムが開催され、富士山周辺に立地するコモンズをめぐるフィールドトリップも用意された。このように幅広く学際的な関心とアプローチがなされているのが現代のコモンズ研究である。

コモンズ論とは何か

「コモンズの悲劇」論に対抗するものとしてさてコモンズ論とは何だろうか。そのきっかけは、一九六八年に生物学者G・ハーディンが米国の科学誌Scienceに寄稿した論文「コモンズの悲劇」に始まったと言ってよい。ハーディンの提起した「コモンズの悲劇」とは、資源の性質として、利用しようとすれば誰もが利用でき、同時に利用が進めばその分だけ資源ストックは減り、維持コストをかけなければ資源枯渇に向かうような資源が想定されており【註3】、維持コストを負担せずただ乗りをする利用者が増加していった場合、資源枯渇が始まり体制を維持できなくなるという意味で悲劇が生ずることを語ったものである。

ハーディンはさらに、このような資源枯渇を起こさないためには、資源の完全な公有か、さもなくば私有によってしか解決されないことを主張していた。これに対し、資源管理の現場を知る人類学者、社会学者、経済学者から、共有や共用などの諸制度が必ず資源枯渇を招来するものではなく、実際のコモンズをみると利用は共同体のメンバーに限られていたり、利用の仕方や維持管理についてコモンズのルールがあり、資源の維持管理が有効に行われている場合が多いという反論が行われることとなった。これが、今日的な意味でのコモンズ論の出発であった。それらは一九八〇年代から研究が広がり、一九八五年に米国アナポリスにおいて、初めて包括的な形での研究会議が開催されたが、この時点でコモンズ論という広範で学際的な研究分野が登場したことになる。

先に、コモンズ論を主導してきた学者としてオストロムを上げたが、彼女に代表される北米を中心とするコモンズ論の性格についてもう少し触れておきたい。コモンズ論をめぐる議論がハーディンのいう「コモンズの悲劇」をどのようにして回避するかという点に発したことは既に述べたとおりである。加えて先に触れたオストロムの学問的出自が政治学、それもウィリアム・ライカーに代表されるポリティカル・サイエンスを専攻してきたことから、コモンズという制度を複雑な「社会的ジレンマ」の解決方法として、合理性を行動原理とする演繹的手法によって位置づけるというように、厳密な方法的裏付けをもってコモンズ論を発展させて行こうという志向が強いことがあげられる。

一方で文化・社会人類学者や社会学者、さらに資源論の学者の場合、フィールドをベースとした事実認識からのフィードバックも受け付けるというしなやかな側面も有している。事実、これまで展開されてきたコモンズ論は、人類学・社会学からの寄与なくして今日の姿はなく、アプローチとしてもひとつの方法論を構成しており、人間 — 環境系の相互作用やコモンズの置かれた状況（コンテクスト）に発するダイナミズムを重視するB・マッケイや、複雑系からのアプローチなどラディカルな理論による学問的寄与もなされている。

ここまでのコモンズ論の中心課題は、資源の過剰利用問題、そこで発生する社会的ジレンマの解決が中心であったが、それと正反対の状況、資源の過少利用問題をテーマにして登場したのがM・ヘラーが提示した「アンチ・コモンズの悲劇」論である。これは所有権が分割化・細分化され過ぎた結果として生じる資源の過少利用という悲劇である。悲劇の事例として、医薬品開発における特許権の過剰な主張や細分化に伴うコーディネーションの不全などが相当する。アンチ・コモンズの問題については本編の高村論文で詳述されているが、人口減少下で相対的にスペースが過剰になったときの不動産所有権の処理の問題への適用可能性に触れられているので参照されたい。これはコモンズ論の理論レベルで、現代総有論が対象にする領域への挑戦となってくるだろう。

このようにコモンズ論は学際的な広がりをみせるなかで発展してきた学問である。今やコモンズの範囲は伝統的なコモンズのみならず、地球大の大気やディジタル資源、知的財産権や文化にまで及んでいる。

入会研究と日本のコモンズ論

さて先に触れた第一四回国際コモンズ学会がなぜ日本での開催となり、入会が注目されたのであろうか。それは日本の入会が林野を資源とし、入会権者というメンバーシップによる構成員をもち、明確な内部規約をもって入会管理の阻害要因を除去するという制度的仕組みを備え、近代になるまで長きに亘って制度として永続してきたという事実を発見することで、そこに典型的なコモンズをみたからである。また豊富な文書に基づく蓄積があったことも研究効率を上げることができるという意味で、スイスアルプスの移牧のケースとともに信頼できるコモンズ研究の対象となったからである。そこにはM・マッキーンという米国人研究者による北富士の入会研究とその世界への紹介という事実があったことが挙げられる。一方で日本における入会研究が、それらに先立って法社会学者、歴史家によってコモンズ論とは無縁に膨大な蓄積を有していたことについては、ここで改めて触れるまでもないであろう。

この入会権論に深く立ち入ることは筆者の及ぶところではなく差し控えたいが、本編の目的が「現代総有論」の展開にあるところから、本章の最後の結論にも繋がる論点として総有論について少し触れておきたい。

日本の入会権は、現行民法に二条にわたって記された、法的裏づけのある有効な権利、それも物権である。また民法二六三条にある「共有の性質を有する」入会権は、ギールケ研究に基づきゲルマン法にみられる総有（Körperschaftliches Gesamteigentum）に類似するというのが戦前期の中田薫以来の位置づけとなっている。戦後川島武宜は、入会団体と構成員の権利を分離する必要はなく処分・使用ともに入会権者に統一、地盤所有へのリンクを強めた「入会私権論」を強調し今日の定説を形成した【註4】。

入会権論のもう一人の研究者に戒能通孝《かいのうみちたか》がいる。戒能は、入会権のうち入会林野からの「入会稼ぎ」と呼称される拾得物取得という、いわゆる「古典的利用形態」だけを認めたことで有名であるが、入会関係についてもギールケの総有論そのものへの疑義の提示とその総有論を日本に比定した総有説を批判し、「事実的収益行為を中心とする入会地への支配内容」、「入会地に対する入会権者の権利内容は抽象的な所有権ではない」【註5】としてあくまでも生活実態にもとづく権利内容を重視した。一方で入会権者を支える基盤は村落共同体にあることを強調している。ここからみえてくるものは、入会関係において、立地する地盤とその所有からは切り離された使用・利用の権利への注目である。民法も「共有の性質を有しない」入会権を二九四条に地役権の一種として認め規定しているが、戒能はこの「共有の性質を有しない」入会権にも及ぶ議論を行っているのである。

もうひとつ興味深いこととして、子息の戒能通厚《みちあつ》が父への回想を語るなかで【註6】、日本の入会は一般にイギリスと入会構造が違うとされるが、「父にいわせれば日本の入会は非常にイギリス的なもので、まさに現実の利用が前提となる。だから所有の問題でないのだ」、それは「父のベースにしている議論が、ギールケよりはむしろイギリスの法制史家のメートランド【註7】であることに関係している」と証言していることがあげられる。このメートランド（Maitland）は、ポロックとの共著『英国法制史』等において自国の入会権（right of common等）を「他人の土地において資源採取が認められる、個人に関わり個別性の強い権利」と規定するが、同時に自国の法制を語るためには比較法の視点が不可欠との認識をもっており、それがギールケのゲルマン団体法に対する研究となっていた。

ここで戒能に注目するもうひとつの理由に触れておきたい。戒能には川島理論との総有概念の相違を超えて、近代化のなかにも生き続けている「総有観念または団体形成における人間の自由の発現の理由追及に、共同体的団体観念の成立根拠を求めて」いたのではないか【註8】という点である。同時に戒能は「市民法」として展開した労働権や社会保障の権利に連なる「生存権法理」【註9】を彼の法学として並走させていたことにも注意が必要である。戒能は戦後の時代状況のなかでこれらを語ったのであるが、今日「現代的総有論」を展開する場合にも依拠すべき論点と思われる。

それでは今日の日本のコモンズ論の状況はどうだろうか。それに連なる研究者についても触れておこう。それは多辺田政弘や室田武などエントロピー学派の経済学者による独自の問題提起に始まり、宇沢弘文の提唱する社会的共通資本の理論、そして鳥越皓之ほか環境社会学者による豊富な事例研究など、コモンズ論からの影響も受けつつも独自に一九九〇年代から進んできていたものであった。そこにマッキーンという日本をフィールドにする研究者が積極的に関わることによって、それら学問分野とコモンズ論との交流が一挙に進みだしたと言ってよいだろう。

このように日本のコモンズ研究は、北米型コモンズ論とは相当に異なった問題意識とアプローチによって研究と実践がなされてきていたといえよう。日本と世界のコモンズを地理的、歴史的に展望しつつ、コモンズの機能を自給的機能、地域財源機能、環境保全的機能、弱者救済機能の四点に分類した三俣学の知見がある【註10】。そこでは北米系のコモンズ論のように単に「社会的ジレンマ」研究に凝縮するものではなく、自然と人間が不即不離に関わりをもつその総体を研究対象にするという特徴をもっている。

なお、入会に関わる「総有」概念をめぐっては、法学系論者と非法学系論者の間で、厳密な法学概念と法制史に裏づけられた議論を要請する法学系論者と、地域に存在してきた共同体を基礎にした資源管理とそれを支える社会的関係を捉えた非法学系論者の対立があったと言ってよい。これに関しては菅豊による戦前期からの入会権論の整理と位置づけを含めた優れた展望があるが、菅はそこで「いまの時点で新しい総有論を構築するにあたって、かつて法学でリジッドに行われた総有の検討はあまり重要な意味をもたなくなっている。……むしろ、新しい総有論が導き出す実践的——ときには政策的——な新しい所有のあり方が、古い所有観と所有法のあり方を見直す動きにつながり、その結果、法学者を再び巻き込む議論へと発展させる方向性が今後模索されなければならないのである。その意味において、いまこそ新しい見地による法学者の総有論への新たなる参画が強く望まれる」との提言が発せられている【註11】。あれから一〇年経った今も有効な提言である。

ダイナミックなコモンズ論に向けて

コモンズ論の成果として、コモンズがその対象とする資源の持続性維持など管理面での成功を実証してきたことがあげられるが、それは一面でその閉鎖性によって担保されてきたともいえる事実がある。

そしてコモンズを閉じるのか開けるのかをめぐっては、コモンズの変容のなかで絶えず問題となるポイントであった。個々のコモンズは、取り巻く周囲と隔絶していない限り広い範囲の利害関係者と関係をもつことから、コモンズの存立には必ずやその正当性（legitimacy）を求められる。それは広くは公共性の要請でもある。

林政学者として途上国の森林管理をテーマとし、また現場を豊富にみてきた井上真は、コモンズを取り巻く自然条件と社会関係の双方での多層性をみるなかで帰納したと思われるが、二つの原則を提案している【註12】。ひとつは「開かれた地元主義（open-minded localism）」であり、もうひとつは「かかわり主義（principle of commitment/involvement）」【註13】であり、これらを統合するものとして協治（collaborative governance）と呼ぶガバナンスの提案を行っている。

「開かれた地元主義」とは、コモンズの資源とその管理ルールは原則地元のものであるが、外部者との関係が出てくる場合がほとんどであり、地元への技術・知識の移転が必要な場合もある。その場合に外部者との協働関係を認知、受け入れるという原則がそれである。一方、「かかわり主義」とは、主として外部者のコモンズと関わる際の原則、心構えともいえる責任意識のことを指す。

コモンズを取り巻く広い意味での環境は変化してきており、それは国内的原因によったり、グローバルな原因によるものである。コモンズは絶えずそれらに対応・適応していかなければならない。またそのようなダイナミックな状況下で、上記の二つの原則は有効性を発揮すると思われる。ある場合には、内部結束力を発揮して外圧と対峙する「抵抗戦略」が必要になるかも知れないし、グローバル化など外部環境への適応を中心とする「対応（適応）戦略」が中心になるかも知れない。

そして全体を統べるのは「協治」のあり方そのものである。これらはとかくありがちなリーダーシップや力関係からくる外部者によるトップダウンに歯止めをかけ、ボトムアップの意思決定の契機を作るものでもある。これら井上の二原則と協治のシステムは、まずは途上国においての資源管理に適用しようとするものであるが、都市や地域でのコモンズの運営にも応用可能な部分を含み、示唆的である。

都市のコモンズの捉え方

次に、本書の主張が日本の都市や地域における空間管理に関する議論であることもあり、都市に関わるコモンズの問題を取り上げることにしたい。

通常コモンズ論は、途上国を中心に資源管理の問題に適用することが多いが、コモンズとは、複数の個人が同時に便益を得られるような共有資源やその存続を担保する仕組みのことである。したがって途上国の資源の問題だけでなく、日本における都市問題を考える際にもコモンズ論は示唆を与えるものであると考える。なぜなら、都市とは古来集住の場所であり、隣り合って住み、都市で行きかう様々な集団が共同で享受するものがそこにあるからである。日本のおかれた状況は、近代化以降、欧米の都市形成を主たる標準に都市整備を行ってきたことにある。人口全体の成長と都市への集中が起こった二〇世紀後半までは、人口成長とそれを受けいれる入れ物としての都市のあり方という点に集約してすべてが語られてきたといえよう。

しかし少子高齢化の進むなかで、いよいよ人口減少の始った日本、特に大都市において一層進む高齢化と追って始まる人口減少を前提にしたとき、都市のあり方、それもコモンズの問題を考えることが非常に重要になるのではないかと思われる。人口減少は資源制約との関係ではその制約を緩和する条件である。しかし高齢化が進むなか、生産年齢人口の相対的減少は付加価値生産という経済の現場のみならず、介護を含む福祉作業の担い手不足を引き起こすことになる。その場合、相互扶助を一層進め、地域全体としての対応が必要になり、それは都市経営、まちづくりにおいてコモンズの思想が必要なことを意味している。

都市のコモンズの二類型

ここで、都市のコモンズを二つの視点【註14】から捉えてみたい。第一は、従来のコモンズ論の延長として都市内のミクロの空間（緑地・住居、商業集積など）がコミュニティベースで管理されている現象に注目して、それらを個々のコモンズ（commons in the city）として捉える見方である。第二は、都市空間全体をコモンズ（urban space as commons）と捉える見方である。

第一の都市のコモンズとは、都市内においてローカルコミュニティが共同で利用し、管理を行っているようなコモンズのことである。具体的には町なかで見出すことのできる広場や公園といった住民にとっての憩いの場となっているところである。これら分散して存在する小コモンズは、公設であっても管理は民間委託で進められるケースがあるが、その場合どのようなルールによって利用され、管理されているのだろうか。都市にみられるコモンズは、公園や広場に限定されない。私有地の連なりとして成立する都市景観、地元組織が管理に加わっている中心市街地の商業空間も、ルールの存在によって無秩序な開発などから生じる「コモンズの悲劇」を避けて地域の価値を向上させているという意味で、コモンズとして捉えることができる。マンションなどの集合住宅の共用施設のあり方もコモンズの視点から分析することができるだろう。

上記のような都市のコモンズにあっては、山野海川の共同体とは異なり、関係する集団のまとまりがそもそも弱く、かつコモンズから得られる利益が非常に幅広く、重層的に広がっているという性格をもっている。法社会学者の高村学人によれば、都市のコモンズを定義するものとして、「利益享受者の総てがルールを守った節度ある利用をするならば持続的に資源から各人が大きな利益を得ることができるが、少数の利用者が近視眼的な自己利益追求を行うならば容易に破壊される性質を有する財」とすることを提案している【註15】。そこで課題となるのは、維持管理面でただ乗りを防止し、メンバーやボランティア参加者との協働をいかに維持できるかの方策なのである。

街づくりの専門家・建築家、コモンズ論研究者の間でも、都市に認められるコモンズのあり様について研究が進んでいる。住環境のあり方にコモンズを認めるもの【註16】、児童公園などの都市の小空間、街並みやまちを印象づける景観、そして総有的まちづくりとして捉えられる様々なケース、商業区域全体を所有・利用・管理の側面からコモンズと位置付けるものなどが注目される【註17】。

次に第二の都市全体をコモンズと捉える考え方とはどのようなものだろうか。経済学者の宇沢弘文の社会的共通資本の考え方がその代表的なものとしてあげられる【註18】。そこでは、都市はそれ自体として社会的共通資本の塊であるという。道路、交通機関、ライフラインといった社会的インフラストラクチャー、教育、医療、司法といった制度資本、そして人工的な都市にあってもそれを包む自然環境、それら総体が都市を形づくっているという捉え方である。社会的共通資本は、一定の経済的豊かさをベースにしつつ「すぐれた文化を展開し、人間的に魅力ある社会を持続的、安定的に維持することを可能にするような社会的装置」、「社会全体にとって共通の財産」として位置づけ、権力による統治とも市場原理とも違う、「職業的専門家によって、専門的知見と職業的規範にしたがって管理・維持されなければならない」ものとされるものである。そこではインフラなど物的素材・資源という側面ではなく、社会的制度として定義したことの意味が大きい。都市の持続的な発展のために、交通政策、水やエネルギー資源の管理、治安、教育などの制度資本の最適な供給方法、とりわけ、サスティナブルな都市のあり方を目指す政策をコモンズの視角から行うことが検討の課題となる。

宇沢について付言すると、この社会的共通資本の理論は、様々な場面におけるコモンズ的空間を経済学的に基礎づけたものとみることができる。それに先立つ一九七〇年代に、宇沢は二〇世紀の急速なアメリカ化のなかで急増をみた自動車という存在が、実は人間存在に照らして多大な社会的費用を発生させていることを『自動車の社会的費用』で論じている。交通事故の発生、排気ガスによる環境汚染に伴う被害や防除の費用、必要な投下資本のコストについて具体的な数値例が示されるが、注目すべきこととして、人間の歩行は自動車に妨げられることなく、その自由を保障するように都市のデザインがなされるべきことをB・ルドフスキーの『人間のための街路』を踏まえて論じている点である。宇沢はそのなかで、安全な歩行を保障する道路があれば、それは「社会的共通資本としての道路」が存在することであると喝破し、その必要性を説いている【註19】。

本稿との関連でいえば、そのような社会的インフラが整備されている都市はコモンズを有しているといえるのではないか。そしてそのような都市のデザインが可能になるためには、都市像に関する共通の合意が存在することであり、その成立過程に必ずや市民と専門家の積極的参加があってのことと考えられるからである。

以上から、それでは第一のコモンズと第二のコモンズの関係がどうなるかについて触れておきたい。第一のコモンズのようにボトムアップの積み重ねが都市を構成する主要な要素となっていけば、その都市は住みやすいものとなるだろう。一方で、都市はそもそも第二の意味でのコモンズでもあるべきであるとの共通の認識、合意が市民、行政の間で得られるならば、第一の意味でのコモンズの形成をも助けるものとなっていくであろう。

もともとコモンズは、社会性の追求と個人の利益追求の衝突という社会的ジレンマを解消する仕組みとしての機能をもっていた。これを民主的かつ個人の合理性を尊重する形で解決する方法を社会は求めなければならないだろう。社会の仕組みとともに、市民性を育てるという第二のコモンズの形成があるなかで、両者が嚙み合って都市経営がなされていくことが必要なことのように思われる。そこでは都市においていかにガバメントの統治ではない、市民によるガバナンスの利いた都市経営を担保できるかがポイントとなる【註20】。

結語に代えて

以上、コモンズ論の発祥とその展開、日本における入会権論と日本のコモンズ研究の特性と方向、そして後半、都市のコモンズについて検討をしてきた。最後に現代総有論との関係で、入会権論のなかで触れた戒能通孝の立論に再び触れておきたい。

戒能には「入会」を語って「総有」を語らずのところがあるが、「入会」の権利を語るとき「所有の範疇から既定するのではなく、入会権という権利の行使という事実から出発し、この事実的行為が村落における「空気と同じように尊く不可欠な権利」として集団的に行使されるものとして、これを理論構成し、その共同体を通じて「近代」を展望した」【註21】といえるだろう。それゆえにこそ係争の被告弁護人として関わった小繋事件に普遍的な価値を見出したのである。戒能にはまた市民主権に基づく「市民法」への希求があり、労働権や社会保障の権利に連なる「生存権法理」をも並走させていたことを確認する必要がある。これは今日議論すべき現代総有論に対しても照射する論点になるのではないか。

二〇一一年三月に日本を襲った東日本大震災と随伴した原発事故によって、物的のみならず地域コミュニティが破壊された都市が多く存在する。今こそ、まちづくり、都市計画のあり方、空間管理の手法が問われている。どこにあっても、持続可能な都市空間とコミュニティ維持に向けてコモンズをどのように形成していくのか、多くの課題が待っているといえよう。そのような場において、コモンズ論をもその背景にもちながらも、法形式などをもつ現実的な「現代総有論」が機能していくことを期待してやまない。

註

1　主として自然資源を対象に、それへのアクセス権と管理の方法が慣習ないし制度によって備わっている社会的仕組みと定義されるもの。

2　十一ヶ村からなる入会の歴史を有し、その記録は江戸時代中期にまで遡ることができる。明治23（1890）年に御料林入会団体としての認知（組合設立の起源）、明治44（1911）年には今日の呼称の直接の原因となった天皇よりの山梨県下御料林下賜がなされている。

3　想定されていたものは、今日の眼からみればコモンズではなく、いわゆるオープンアクセスの状況であった。

4　川島ゼミ出身で山林入会の実態調査にも加わり戦後の法社会学のリーダーのひとりであった渡辺洋三の入会権論に触れると、それは川島説に基本的に従い、入会実態の変化のなかで「解体」もやむを得ないとの立場であった。しかし後年の入会に関する講演で、入会林野を維持してきたのは「生活共同体」としての「村」であり、その構成員である地元の住民であることを強調していたこと【＊1】や、出発点であった水利権研究【＊2】において、政治権力による強制力を伴わなければ有効ではない場合を含む慣習法の矛盾・対立といった、川島にはないダイナミックな視点を内包していたことなどは注目されてよい。

＊1　渡辺洋三の講演予定稿「入会権の公権論と私権論」（時期は不詳ながら、昭和50年代後半）〔北条浩・村田彰『慣習的権利と所有権』御茶の水書房、2009年、P. 313所収〕

＊2　渡辺洋三『農業水利権の研究』東京大学出版会、1954年

5　楜澤能生「法律学からの応答」『社会的共通資本・コモンズの視覚から市民社会・企業・所有を問う』（シンポジウム報告書）、「基本的法概念のクリティーク」研究会、早稲田大学21世紀COE「企業法制と法創造」総合研究所、2008年、PP. 97, 104。

6　戒能通厚「コメント・総合討論」同上書、P. 119。

7　自身英国法制史家である戒能通厚によれば、メートランドは「ある意味でギールケに惹かれた人」であるが、残した名言として「イギリスという国には、国家の概念がない。むしろ国家というより社会がある。しかもイギリスの国家というのは、決して国家として自ら強大になることを欲していない」をあげ、メートランドの母国には共同体の伝統が非常に強いことを指摘している。この共同性は、権利としてのコモンズの個別性や個人性と並走する形で存在することによって、19世紀半ばから始まる都市等におけるオープンスペースの形成などコモンズは変容を示し、現代の都市のコモンズにつながる公共性の回復を生ぜしめている点は英国の状況として注目されてよい【＊1】。

＊1　椎名重明・戒能通厚「イングランドにおける土地囲い込み一般法案とその周辺」『早稲田法学』2008年83巻3号／茂木愛一郎「世界のコモンズ」『社会的共通資本：コモンズと都市』東京大学出版会、1994年。

8　戒能通厚「水利権研究への比較法的視点」『土地法のパラドックス』日本評論社、2010年、P. 529。

9　戒能通孝「人権」『戒能通孝著作集2』日本評論社、1977年、P. 208。

10 Gaku Mitsumata, "Evolution of the Japanese Commons in Response to Challenges: Contemporary Contributions to Community Well-being," a paper presented at 12th Biennial Conference of the International Association for the Study of the Commons in University of Gloucestershire at Cheltenham, England, 18th of July, 2008.

11 菅豊「平準化システムとしての新しい総有論の試み」『平等と不平等をめぐる人類学的研究』ナカニシヤ出版、2004年、PP. 261-62。

12 井上真『コモンズの思想を求めて』岩波書店、2004年/井上真「自然資源『協治』の設計指針」室田武編著『グローバル時代のローカル・コモンズ』ミネルヴァ書房、2009年

13 井上は後年「応関原則」とも呼ぶようになる。

14 都市のコモンズを捉える2つの視点は、間宮陽介、高村学人両氏の立論に基づく。

15 高村学人「コモンズ研究のための法概念の再定位：社会諸科学との協働を志向して」『社会科学研究』東京大学社会科学研究所、2009年、PP. 81-116に所収［引用はP. 91］

16 齊藤広子・中城康彦『コモンでつくる住まい・まち・人』彰国社、2004年

17 平竹耕三の一連の研究では、高松市丸亀町商店街再開発、長浜市の黒壁、京都市祇園町南側の街並み保存、同相国寺一帯、松阪市の御城番屋敷、野洲市のグリーンちゅうず、飯田市の川路地区などの事例がある【＊1】。総有論に関しては、五十嵐敬喜等の都市計画法改正案でも提案される【＊2】。人口縮減過程に入るこれからの都市において要請されるような共同的取組の重要性、政策論を論じているものである。このほか、西郷真理子、太田隆信の言説【＊3】などが参考になる。

＊1 平竹耕三『コモンズと永続する地域社会』日本評論社、2006年

＊2 五十嵐敬喜・野口和雄・萩原淳司『都市開発法改正：「土地総有」の提言』第一法規、2009年/五十嵐敬喜「総有と市民事業　国土・都市論の『未来モデル』」『世界』2013年6月号、岩波書店

＊3 西郷真理子「A街区再開発事業の特徴と意味」『季刊まちづくり』2006年13号、学芸出版社/西郷真理子・太田隆信「対談：地方都市の中心市街地をデザインする」『新建築』2008年1号。

18 宇沢弘文『社会的共通資本』岩波書店、2000年

19 宇沢弘文『自動車の社会的費用』岩波書店、1974年、P. 172。

20 茂木愛一郎「都市のコモンズ」『SEEDER』2012年第7号

21 椎名重明・戒能通厚、前掲書（註7）、P. 246。

第二章　歴史と評価

第三章　総有をめぐる学際的交流

第四章　現代への展開

日本におけるコモンズの素地――人類学的考察

秋道智彌

はじめに

二〇一一年三月一一日、東日本を襲った大地震津波から二年半が経過した。復興はいまだ前途多難な状況にある。復興の遅れの大きな要因は、破壊され、劣化したまちと環境をどのようなグランド・デザインに基づいて再生するのかについて、住民間の十分な合意形成と最終的な行政判断がなされていない点にある。復興予算が適切に執行されなかった面も露呈した。わたしは一九九九年以来、岩手県大槌町とさまざま形でかかわってきた。その大きな柱は、まちの湧水環境と人びととのかかわりを探る研究にあった【註1】。

津波後に何度も大槌に通うなかで、土地と湧水、海面のコモンズ的な利用が復興の鍵を握っていると確信するようになった【註2】。本稿はこれまでに考えてきた人類学的な観点からの試論であり、わたし自身が模索してきたコモンズ論のおさらいでもある。

新しいコモンズに向けて——震災の現場から

震災後の水産業復興について、宮城県の村井嘉浩知事や政策研究大学院大学の小松和之教授らは、漁業協同組合（以下、漁協と称する）が有する地先漁場の排他的な漁業権を改変して、第三者も参入できるシステムの構築を提唱している。その骨子はおおよそ以下のとおりである。三陸地方の被災地を水産業復興特区とし、民間資本を活用して漁協を再編することが構想の大きなねらいである。漁業従事者が高齢化し、その数自体も減少する傾向にある現状で、水産業の担い手を漁協から公社ないし第三セクターに移行し、経済特区のなかで水産業の復興を目指すべきとする考えである。

三陸の水産業には、沿岸の共同漁業権漁場におけるアワビ、ウニなどの底生資源を対象とする小規模な磯漁業のほか、大型・小型の定置網を設置してサケ、マス、サバ、イワシなどの回遊魚を獲る定置漁業、ワカメ、ホタテ、カキ、ホヤ、ギンザケなどの海面養殖をいとなむ区画漁業がふくまれる。さらに、それぞれの漁業には漁業権を行使するうえでの詳細な規則が設けられている。沿岸域を越えた沖合ではサンマ棒受網、イカ釣り、イシイルカ突き棒漁（大槌）、マグロはえなわ（気仙沼）、サバ・アジのまき網（石巻）、カツオの一本釣り（気仙沼水揚げ）などの自由海面漁業がおこなわれている。

先にのべた経済特区の構想は漁業権の排他的な行使者である漁協を超えた協業の可能性に関する提案であり、被災後の海の「賢明な利用」に向けた問いかけにほかならない。海は漁協の漁業権をもつものだけのものではない。海を利用する基本的な権利は本来、誰でもが有しているといえるが、さまざまな条件や法律によって事実上の利用権者がかぎられているのが現状である。

震災によって多くの漁船や資材が流出した。漁協の組合員はのこされた少ない資材や漁船を活用するためにさまざまな方策を講じた。たとえば、①国などの補助事業をもとに、少数の漁船を共同で利用して利益を平等分配する（岩手県宮古市田老）、②カキ稚貝を養殖業者間で分配する（宮城県石巻市万石浦）、③冷蔵・冷凍施設を共同利用するなどの共同利用体制（宮城県南三陸町）などが実施された。さらに外部者とのかかわりでは、④ワカメ養殖業を例にとれば、オーナー制を導入して一口一万円の出資をもとに漁業資材、塩蔵や冷蔵設備の復旧、漁船の購入などをすすめ、再生後は塩蔵ワカメ一キロ程度をオーナーに発送するシステムが実施されている（宮城県石巻市）。オーナー制は三陸各地でワカメ以外にも、カキ、サケなどを対象としておこなわれた【註3】。

このように、復興過程で共同作業、利益の平等分配、国・企業・個人の参画をもとにした支援体制が随所で実現した。先にあげた経済特区構想は以上のような取り組みを法制度的にとらえ、ひいては漁業自体のあり方を再考する絶好の機会とみなしたものにほかならない。とくに漁場利用や水産業をおこなう主体に関して、漁協以外のセクターからの参加を容認する考え方は今後も大きな論点になるものとおもわれる。

入漁と権利の束

日本国内では、漁業をいとなむうえでさまざまな規則や法令が適用される。このなかには漁業法と都道府県漁業調整規則や漁業権行使規則などをはじめ、水産資源保護法、水産業漁業協同組合法、水質汚濁防止法、漁船法、海岸法、遊漁船業の適正化に関する法律ほか、海洋にかかわる多種類の法律や条例がふくまれる【註4】。以上のような法による規制が漁業のいとなまれる時期や漁場に適用されると、重層的な権利関係が浮かび上がることになる。この問題について、わたしは二〇〇九年にコモンズ研究でノーベル経済学賞を受賞したエリノア・オストロム教授と京都で話をしたさい、バンドゥルズ・オブ・ライツ（権利の束）を検討するのがコモンズ研究にとり重要であるとの議論をおこなったことがある。この問題は平成一九年に成立した海洋基本法第二五条のなかでも「沿岸域の総合的管理」の問題として明確に謳われている。

ある地域における課題解決のための方策を考える場合、人権、環境権、地域住民の権利、部外の利害関係者などがそれぞれ権利を主張すると、「権利の束」は重層化することになり、意見の調整や合意形成が暗礁に乗りあげることが想定される。最悪の場合、解決に向けた有効な措置がなされない機能マヒの状態におちいる。こうした点を解決するうえで、共有、公有を超えた総有的なアプローチにより合意形成の基盤を確定することが有効と考えられる【註5】。

水産業における重層的な権利関係を理解しないか、無視して沿岸域でアワビ、サザエ、ウニなどを採る行為は密漁として罰せられることになる。沿岸域だけにかぎらず、日本国内の領海内であればまったく自由に釣り漁や網漁を営むことができるわけではない。他地域に入漁するさいには許可や取り決めの順守が要求される。無断で外部から入漁した漁民と地元漁民とのあいだで抗争が発生することがあり、戦後だけにかぎってもこれまで日本各地では入漁をめぐる紛争が絶えなかった【註6】。

漁業紛争を別の視点からとりあげる論点が三つある。その第一が慣習的な海の利用権と国家の決めた法的枠組みとの不整合ないし相克についての議論である。第二が重層的な権利関係を調整し、最適な資源管理と利害関係者間の調整を成功に導くため、対象となる場に総有制を適用することのもつ積極的な意義についてである。第三は、人間界を超えた自然・超自然的な世界のなかで自然の利用権について考える視点である。以下、本稿ではこの三点について検討することとしたい。

紛争の海・総有の海

わたしはこれまで日本や東南アジアにおける漁業を例として、国家の決めた近代的な法的枠組みとそれぞれの地域ではぐくまれてきた慣習法ないし申し合わせとの係争問題について考察をおこなってきた。そのなかで指摘したのはおもに以下の三点である。①地域住民による「二重のなわばり」が実践されていること【註7】、②共同体基盤型ないし共同管理による資源利用が多くの利点をもつこと【註8】、③国の法律と慣習法とのいずれを優先するかについての判断で、つねに国が優先されることへの疑問【註9】についてである【註10】。

これらの点をふまえて、商業漁とオカズ取りなどの自給的漁との対立、漁業権のありかたを琉球列島における事例をもとに検討してみたい。

現在、沖縄の八重山諸島（石垣市と竹富町）では、八重山漁協が共同漁業権を排他的に有している（左図）。一方、日本で最大のサンゴ礁をもつ石西礁湖やマングローブ地帯は西表石垣国立公園であり、現在、二〇の海域公園地区が指定されている。

石垣港には離島や沖縄本島を結ぶ埠頭や客船、コンテナ船の発着する港湾があり、公共性の高い場所として国や県が管理している。石垣市には第二種漁港（沖縄県管理）と重要港湾（石垣市管理）がある。また、海上保安庁の石垣海上保安部が設置され、外国漁船による領海侵犯不法操業、外国海洋調査船による周辺海域における調査活動にたいする監視・取締り業務や、尖閣諸島における台湾・香港などの活動家による領有権主張活動にたいする警戒業務などの責務を担っている。

以上のような側面にくわえて、サンゴ礁海域における海面利用をめぐり、観光ダイバーや遊漁者と専業漁業者とのあいだで相克が発生している。専業漁業者にしてみれば、自分たちの利用するサンゴ礁の

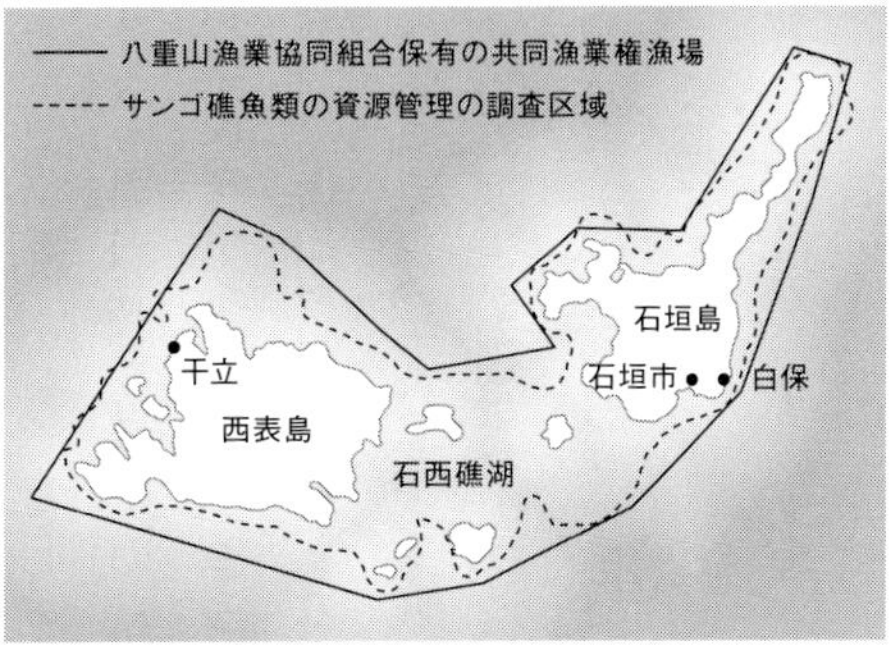

八重山諸島における共同漁業権漁場と干立、白保の位置

漁場にダイバーが潜水するので魚が逃げてしまうとして、観光客は迷惑な存在と考えている。サンゴ礁魚類の産卵期における禁漁区の設定をめぐって異なった漁業種類の漁民間でもいさかいが発生している【註11】。また、専業の漁業者が遊漁者の案内人として活動する場合もある。

さらに別の面で注目すべき問題点がある。八重山諸島を構成する島じまの周囲には礁池が発達している。礁池は沖縄で一般にイノーとよばれる。西表島北西部の干立に住むI氏への聞き取り調査から、イノーの利用について以下のことがわかった。「われわれは伝統的に砂浜とイノーを自分たちのものとして利用してきた。しかし、サンゴ礁のリーフを超えた外海はよそから来た漁民が商売のために使ってきた海で、われわれは自分たちのものとは考えていない」。

左図のように、西表西部の方言で海岸の砂浜はパモナー、礁池はスナー、外洋はウブトゥーとよばれる。スナーは自分たちの海であり、ピー（礁原）の外側は自分たちのものではないパブリック・コモンズとする考え方を示すものである。スナーの内側では生業のための自給的な漁がおこなわれ、その外側では商業的な漁が営まれてきたと大筋で理解することができる。干立では毎年秋に、季節の折目や年の折目を意味し、豊作の感謝と五穀豊饒、健康と繁栄を祈願する祭、節祭《シチ》がおこなわれる。つまり、スナーの海は人びとが漁撈・採集活動をおこなうだけでなく、地域の文化と密接なかかわりのある儀礼の場ともなっている。さらに、北東側に隣接するトゥドゥマリ浜（通称、月ケ浜）はアカウミガメの重要な産卵場である（後述）。干立のスナーとパモナーを合わせた領域は地域の自然と文化を包摂するローカル・コモンズとしての「宝の海」ということになる。

これとたいへん類似した考え方がじつは三〇年以上前から提示されていた。一九七九年以来、沖縄県

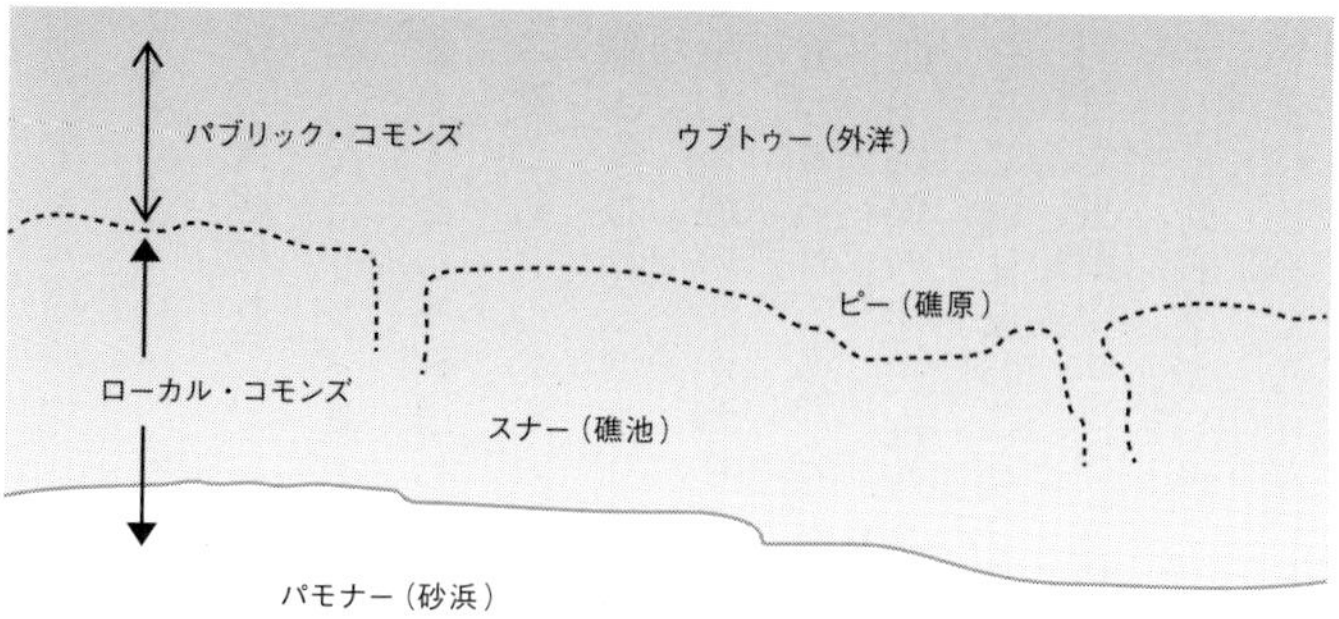

西表島西部におけるローカル・コモンズとパブリック・コモンズの概念図

西表島の干立と祖納の節祭（シチ）は、国指定の重要無形民俗文化財となっている（左）。五穀豊穣・子孫繁栄の神様「ミルク様」（弥勒菩薩）がミリクファー（ミルクの子どもたち）を引き連れ練り歩く（右）。写真提供：竹富町観光協会

石垣島において新石垣空港建設をめぐる問題が大きな政治課題となったさい、白保地区の住民はイノーの利用権について、沖合漁業者の権利に偏った漁業権のみによらない海域の利用を、いわゆる旧来の総有権として主張してきた【註12】。白保の前面にひろがるイノーではミドリイシ属やハマサンゴ属の世界的に大きな群落が確認され【註13】、自然保護上、重要な場所として埋め立てることへの反対意見が環境団体や有識者から提起されていた【註14】。

一方、白保の住民はサンゴ礁のイノーにおいてアーサー（ヒトエグサ）、タコ、貝類、ウニなどの海産物を採り、オカズとして利用してきた。神女たちがさまざまな儀礼をおこなう海辺近くにある御嶽には、白いサンゴ礫が敷きつめられている。サンゴ礫は神聖な儀礼を演出する道具立てである。旧暦三月三日の節句におこなわれる浜下り《ハマウ》は白保にかぎられるわけではないが、イノーで漁をし、浜で健康を祈るいとなみは海と地域のかかわりを示す沖縄の伝統的な民俗行事である。イノーは地域のコモンズ的な活動の場と位置づけられてきたのである。

以上のように、白保の住民は八重山漁協の成員による漁業権をもたないけれど、オカズを採るため、生活のため、そして儀礼をおこなうためにイノーの海とかかわる権利を主張してきた。しかも、白保のイノーは世界的にも貴重なサンゴ群落をもつ海であった。

白保には昭和二〇年代まで、サンゴ石灰岩や岩石を積んで馬蹄形に造成した魚垣（カチ）があり、それぞれの家系ごとに占有して干潮時に魚垣のなかにのこされた魚をとる漁法がいとなまれてきた。魚垣は奄美・沖縄だけでなく、九州、韓国、台湾に色濃く分布している古い形態の漁法であり、石干見《いしひみ》と一般に称される【註15】。現在、白保では、地元の竿原《ソーバリ》に魚垣を復活して地域の漁業振興や自然観察、環境学習の場として活用する試みが地元白保にあるＷＷＦサンゴ礁保護研究センター（しらほサンゴ村）や白保魚湧く海保全協議会を中心に進められている【註16】。この取り組みでは、地域住民だけでなく、ＮＰＯ法人や外部の団体や研究者が参入して活動がおこなわれており、竿原垣《ソーバリカチ》は総有的な性格をもっているといってよい【註17・18】。

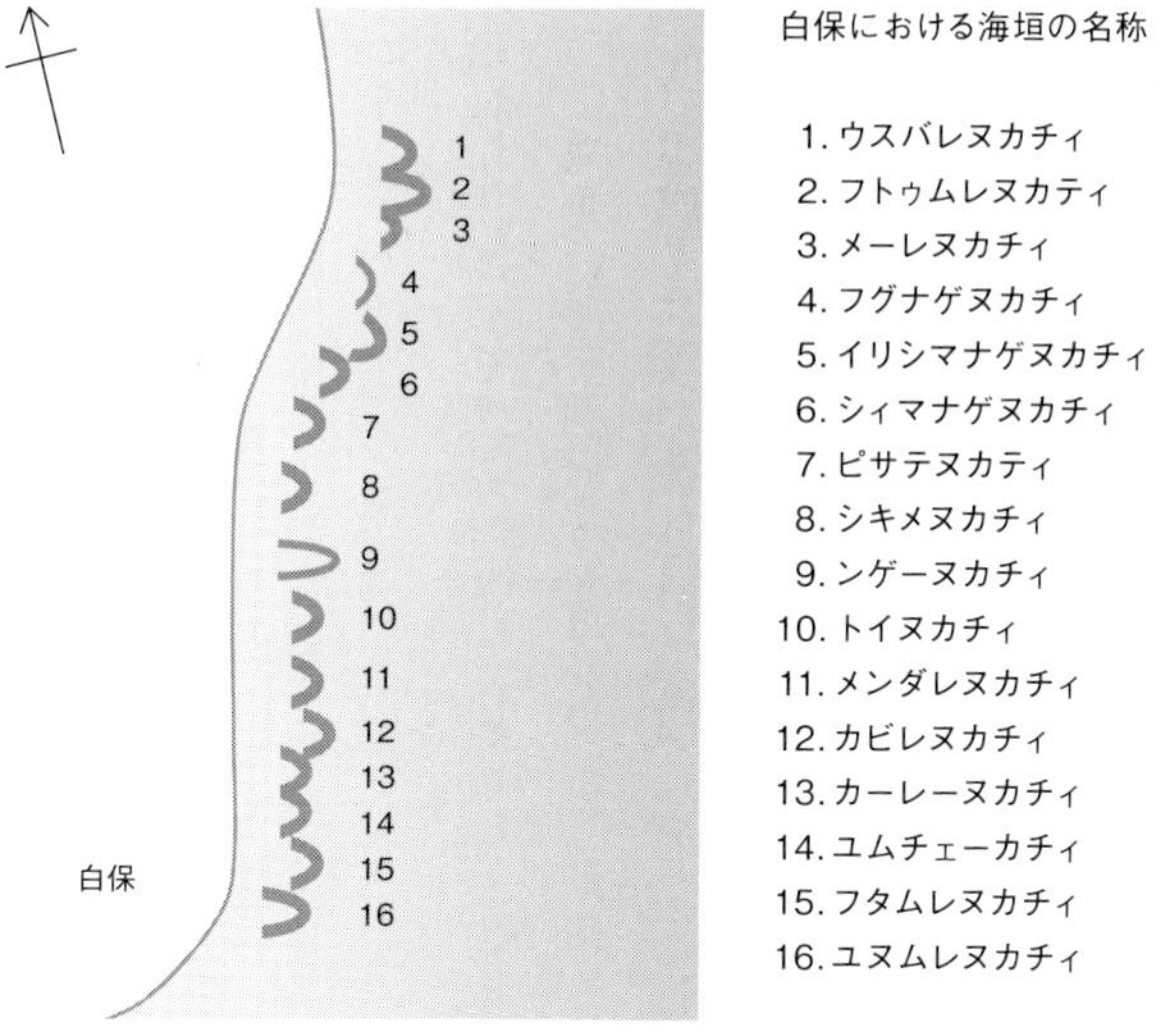

白保における魚垣の分布（WWF サンゴ礁保全研究センター資料、2009 年）を元に作成。

石垣島白保の竿原垣（ソーバリカチ）

白保の例は、西表島のＩ氏によるイノーの位置づけと重なる面の多いことはあきらかだろう。白保ではイノーの外側で商業的な漁が営まれており、沖合における専業漁業者による漁撈活動によってイノーや魚垣に来遊する魚が減少したと考える白保住民は少なくない。すくなくとも、地先の海にたいする地域住民による利用権が正当に認められるべきであろう【註19】。これは総有権のもつ優位性にほかならない。

周知のとおり、日本では明治時代に漁業権が物権として法的に認められた。しかも、明治時代以前から地域ごとに地先の海を利用する権利は近世期にも決められていた。そのなかで漁業をいとなむ権利が、文書によって明記されなくとも慣行ないし通念として容認されてきた場合がある。ところが、海面を利用して漁業や事業を営もうとする外部者が登場すると、海面の利用権や入漁権をめぐって新たなもめごとや紛争が発生した。法的な規制が幾重にも重なると、漁業や入漁を実施できる権利を有する人はたいへん限定される。資源をめぐるアンダー・ユースの状況が発生し、おおくの人びとが排除され、資源も有効に利用されないことになる。白保の例にあったように、漁協組合員のみが利用できるとする権利は新しいものであり、もともと地域に居住する住民の基本的な生活権とは相容れない。総有制の原理を認めたうえで、あらゆる法律や規制を適用するほうが資源の乱獲を防ぎ、地域社会の存続にとっても有利なことはあきらかであろう。

水と浜はだれのものか

イノーの世界への悪影響は海側だけからもたらされるのではない。西表島干立のすぐ近くにあるトゥドゥマリ浜と浦内川の水を例として地域のコモンズとしての海浜と浦内川の水について考えてみよう。浦内川の河口部に大型リゾートホテルが建設され、二〇〇四年四月から営業を開始している。このホテルは毎日数百人もの観光客を受け入れ、二五〇トンもの水を浦内川から取水している。ホテルからの排水は合併浄化槽を通じて地下に流されるが、その排水が地下から海岸部で湧水として地上に湧出すること、汚水が浦内川に逆流することが問題となっている。硝酸態、亜硝酸態の窒素の増加は汚染にほかならない。海岸のトゥドゥマリ浜はアカウミガメの産卵場であり、石英に富む「鳴き砂の浜」として知られる。浜ではトゥドゥマリハマグリを産し【註20】、地域の住民が利用してきたが、最近、その数が激減し、ほとんど採れなくなったことを先述のＩ氏から聞いた。

ホテル開業により、夜間の照明によってウミガメがまったく産卵のために上陸しなくなったことや、浦内川に四〇〇種以上の魚類が生息すること、最近ハゼの新種が発見されたことなどから、ホテルの排水がこれらの生物にのっぴきならない影響をあたえ、今後さらにその可能性が増大することが危ぶまれている。

浦内の地域住民は地元の公民館組織を通じて、行政担当の沖縄県や竹富町、開発主体の企業との間での説明会に参加した。しかし、説明会の事前に開発の協定や工事の申請が認可されていたために、住民の意見が結果として無視されることとなった。ついに、開発に反対する住民や保護団体、学会などの声は開発差し止めの環境裁判として展開するようになった。住民の声を無視した認可に問題があったこととともに、環境への事前・事後評価がずさんであったことも問題を長期化させてきた。ここでも、新たな開発にさいして地域ごとの総有権を是認することが環境劣化と地域文化の崩壊を防ぐ有効な防波堤となることを理解できる。

総有の核となるのが地元の公民館であり、公民館を中心とした地域のまとまりがあり、町、県、企業との話し合いの重要なパイプ役を果たしている。では、総有権の対象は人間中心的に考えるだけでよいのだろうか。アカウミガメ、イリオモテヤマネコ、マングローブ、カンムリワシ、セマルハコガメ、ア

西表島北西部のトゥドゥマリ浜。アカウミガメの産卵地であり、トゥドゥマリハマグリ（*Meretrix* sp.）を産する。

カショウビンなど、声を出してリゾートホテルに反対することのない貴重な生き物の存在も忘れるべきではない。そこでつぎに、生き物の存在を踏まえた自然と人間とのかかわりについて考えてみよう。

カミのいるなわばりと聖地

人間世界のなかで法的な権利関係の帰属は公（ないし国）、私、共の三極に分けて議論する場合がほとんどであった。その解釈は決して間違いではない。また、共有と総有との厳密な違いとその意義については、本書の巻頭で五十嵐敬喜教授が提唱するとおりである。わたしは人類学の立場から、人間中心の所有論を捉える限界についてこれまでいくつかの論考のなかで提示してきた【註21】。要約すれば、人間が自然界のすべての領域を「人間化」、つまりだれかの所有物なり既得権益のある領域とすることへの反省と警告である。

人間は自然をすべて知り尽くしているのではない。また、自然界の動植物が生存すること自体へのおもいをどのように自分たちの文化として具現化するのかという疑問がつねにあった。『なわばりの文化史』で展開したのは、自然と人間との関係に関する根源的な問いであった。自然の一部として自らの存在を位置づける日本的な心性と自然観からすれば、すべての領域を所有なり占有する権利を人間がもつことへの疑義の表明でもあった。

東日本大震災の津波による自然の脅威にたいして、日本社会は復興の取り組みを進めている。しかし、防潮堤の建設や高台移転、区画整備事業と盛土の範囲など、工学的な側面だけが最重点とされ、津波被害を受けた地域の二次的な遷移が進行している現況で、自然の循環や森川海をつなぐ連環に着目した未来志向の発想が顧みられないのはいったいどうしたことであろうか【註22】。自然とそこに生きる生き物や人間を超えた超自然をふくむ思想の重要性について検討すべきではないか。自然との共生が叫ばれる現代、足元の権利関係にたいして愚鈍な感性で自然を見ることはもはや許されないからだ。

世界にはさまざまな形の聖地がある。宗教的な聖地はキリスト教のエルサレム、イスラームのメッカ、ヒンドゥー教・仏教のワーラーナシー、チベット仏教のラサなどがそうである。大伝統の宗教以外にも、民族固有の聖地が世界各地にある。オーストラリアでは、先住民であるアボリジニの各集団は祖先が誕生したとされる聖地をもち、そうした場所は大切に守られてきた。聖地を侵犯する行為は集団の内外を問わず、いかなる理由であれ禁止されている。ところが、外部企業がウラン鉱山の開発を進めようとして聖地を侵犯、破壊しようとする場合がほうぼうで発生している。

豪州北部のカカドゥ国立公園において、アボリジニの聖地をふくむ土地がウラン鉱山開発にさらされた【註23】。一部の反対にもかかわらず開発が進められた一例が公園内のマジェラ川流域にあるベリンジャー鉱山であり、一九八〇年代から採掘がはじまっていた。ベリンジャー鉱山の上流にあるクンガラ地区でも鉱山開発が予定され、世界遺産の登録から抹消されてきたが、アボリジニの反対で二〇一三年三月に世界遺産と国立公園に再登録されたため、開発計画は頓挫した。

豪州北部のアーネムランドに居住するヨルングの人びとのあいだでも、海の聖地である河口部にバラマンディ漁の商業漁船が侵入し、現地住民から猛反対の声があがり、商業船を締め出すために河口部を閉鎖する行政措置が取られた。

　日本の民俗例を紹介しよう。沖縄・奄美地方では集落内あるいは周辺にこんもりとした木立や森があり、地域の住民が信仰の対象としてきた。一般に御嶽（ウタキ）と呼ばれ、集落の加護、ニライカナイと呼ばれる常世の国から人間に豊饒をもたらし、航海安全を守る神がみが宿る場とされてきた。御嶽ではさまざまな儀礼がおこなわれた。御嶽は一八世紀時点で琉球王朝により総称として成立したものであり、それ以前の時代には地域ごとにムイ（森）、ムトゥー、拝所として祖霊を祀る神聖な場とされてきた。前項の例にしたがえば、西表島干立の御嶽は、祖霊を海から迎える神聖な場として崇拝されてきた。

チベット仏教の聖地であるポタラ宮殿

西表島北西部の干立にある御嶽

わたしが『なわばりの文化史』で指摘したように、カミの世界を容認した世界観、自然観が今後の地球における生きざまに重要である【註24】。たとえば、東北地方の山やまで山やそこに生きる動植物とかかわってきたマタギの人びとの自然観を如実にあらわす慣行がある。新潟県三面川上流部のマタギの人びとは、春先、山でゼンマイを採集するさい、自分たちが売って日常の糧とする分以外に、山に棲むカモシカのたべる分を残しておく。このようないとなみは、人間もカモシカも山の神から食べるものを授かっているという観念に裏打ちされたものであり、山の神にたいする尊敬の念が背景にある。人間だけが地球上の資源を独占、あるいは人間間で共有、分配するのではなく、カミの世界を認めた資源観を実

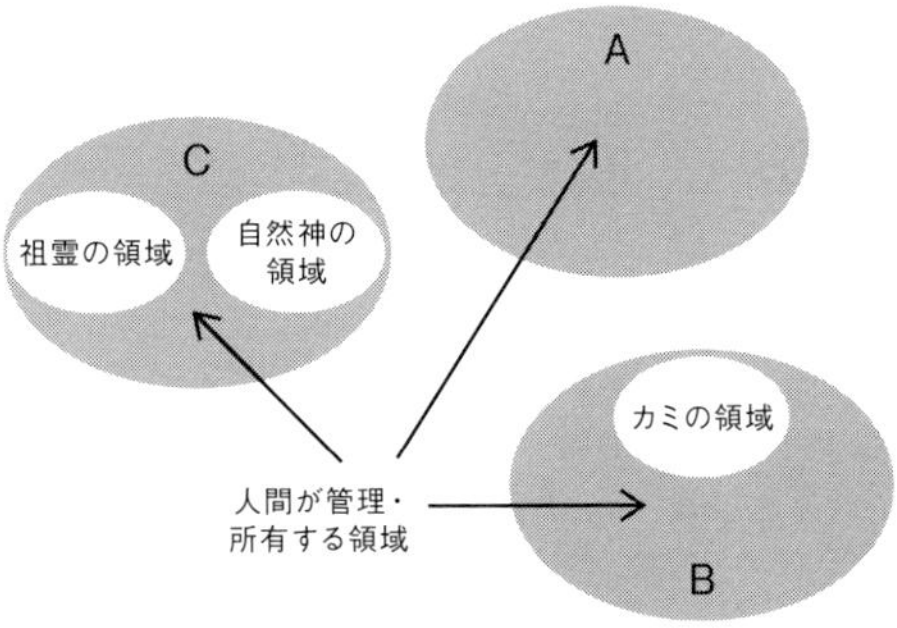

人間とカミの世界を示す領域概念図

現することにつながる。カミの世界には祖霊や絶対的な至高神、自然崇拝のアニミズム的な存在を重層的に内包する場合があるだろう。

以上のように、総有的な視点はとりわけ震災復興における賢明な政策立案の一環として注目すべきであろう。権利関係を強調し、「権利の束」の調整と合意形成に忙殺されすぎると、結局、有効な政策を実現できずに、資源利用を不必要に抑制する「アンチ・コモンズの悲劇」【註25】の陥穽におちいることになる。しかも、賢明な資源利用を進めることに執着するあまり、自然のことを忘却した人間中心主義的な結論を追及することにもなりかねない。この点で、超自然ないし自然を包みこんだ視点は如何なる場合にも特筆すべき観点であり、近代的なコモンズ論にたいしても警鐘となることを述べて本稿を終える。

謝辞

本稿は本書で執筆されている茂木愛一郎氏および編者の五十嵐敬喜教授よりご依頼をうけて執筆したものである。わたしは二〇一三年六月、富士吉田市で開催された国際コモンズ学会第一四回北富士大会において、本書の分担執筆者であるM・マッキーン教授とともに共同議長を拝命した。大会の運営と成功に御尽力いただいた恩賜林組合はじめ、学術企画委員会、実行委員会の関係各位に感謝申し上げるとともに、日本におけるコモンズ研究の推進にとり、貴重な執筆の機会を与えていただいた五十嵐敬喜教授にたいして衷心よりお礼申し上げたい。

12　熊本一規「海はだれのものか：白保・夜須・唐津の事例から」『自然はだれのものか：「コモンズの悲劇」を超えて』秋道智彌編、昭和堂、1999年、PP. 139–61。

13　枝状、卓状のミドリイシの仲間は、*Acrophora* spp. アオサンゴは *Heliopora* sp.

14　環境省『日本のサンゴ礁』環境省・日本サンゴ礁学会、2004年。

15　田和正孝編『石干見』法政大学出版局、2008年。

16　上村真仁「石垣島白保集落における里海再生：サンゴ礁文化の保全・継承を目指して」『Ship & Ocean Newsletter』2010年235号、PP. 1–2。

17　Tomoya Akimichi. “Changing Coastal Commons in a Sub-Tropical Island Ecosystem, Yaeyama Islands, Japan.” *Island Futures. Global Environmental Studies*, 2011, Tokyo: Springer, PP. 125–37.

18　五十嵐敬喜「総有と市民事業：国土・とし論の『未来モデル』」『世界』2013年6月号、PP. 138–51。

19　浜本幸生『海の「守り人」論：徹底検証・漁業権と地先権』まな出版企画、1996年。

20　トゥドゥマリハマグリ（*Meretrix* sp.）

21　秋道智彌『なわばりの文化史：山・海・川の資源と民俗社会』小学館、1995年／秋道智彌『コモンズの人類学：文化・歴史・生態』人文書院、2004年。

22　畠山重篤『森は海の恋人』文藝春秋、2006年／山下博『森里海連関学：森と海の統合的管理を目指して』京都大学学術出版局、2007年／田中克『森里海連関学への道』旬報社、2008年／田中克「津波の海に生きる三陸の未来：森里海連環と防潮堤計画」『Ship & Ocean Newsletter』2013年302号、PP. 6–7。

23　鎌田真弓「オーストラリア先住民族によるランド・マネジメント：アーネムランド、カカドゥ国立公園、ニトゥミラック国立公園」『名古屋商科大学総合経営・経営情報論集』2005年49号、PP. 119–35。

24　秋道、前掲書（註21、1995年）

25　Michael Heller, "The Tragedy of the Anticommons: Property in the Transition from Marx to Markets," *Harvard Law Review*, 1998, No. 111, PP. 621–88.

註

1　秋道智彌編『大槌の自然、水、人：未来へのメッセージ』東北出版企画、2010年。

2　秋道智彌「災害をめぐる環境思想」『日本の環境思想の基層：人文知からの問い』岩波書店、2012年、PP. 1–22／秋道智彌「カミは見放さない！『ただの魚』と地域の宝物」『天恵と天災の文化誌：三陸大震災の現場から』東北出版企画、2012年、PP. 207–37／秋道智彌『海に生きる：海人の民族学』東京大学出版会、2013年。

3　秋道、同上書（2013年）

4　水産法令研究会『水産小六法』時事通信社、2011年。

5　ここで言う総有的アプローチとは、日本において従前法律上の概念として使用されてきた一般的な「総有」の概念を脱構築した、いわば本書序文で五十嵐敬喜が定義する「現代総有概念」を意味する。以下で使用する場合も同様。

6　金田禎之『漁業紛争の戦後史』成山堂書店、1979年。

7　インドネシア東部のアラフラ海にあるアルー諸島の漁村の例では、政府との水産合弁会社が村落周辺に入漁する場合には高額の入漁料を請求し、近隣村落の漁民がオカズ取りのために入漁するさいには入漁料を請求しない場合がある。これは二重のなわばりとでもいえる現地住民の対応を示すものである。

8　共同体が中心となって資源利用を管理するか、政府や外部団体との協議と合意の上で資源管理を進める共同管理では、地域住民の意向を踏まえて、資源にたいする土着の知識や実践を優先するため、有効な管理が可能である。

9　インドネシアのマカッサル海峡に面するマンダール地方では、竹製のいかだによるロッポン漁が伝統的におこなわれてきた。そこに、スラウェシ島南東部沖にあるスラヤール島の漁民が遠征してロッポン漁を開始したことにより、漁場利用をめぐる紛争が発生した。裁判による審判では、海は国民みんなのものとするインドネシア国の法律（1945年におけるスカルノ大統領の宣言）と伝統的な慣習によるマンダール漁民の慣習法が懸案となり、結局、「国に二つの法は必要ない」としてマンダール漁民の訴えが却下された。しかし、慣習法を尊重しないで資源を利用すれば、乱獲を誘発し、地域共同体の文化が危機にさらされることになる。入漁に関する適切な合意形成を追及する仕組みがなされるべきである。

10　秋道智彌『海洋民族学：海のナチュラリストたち』東京大学出版会、1995年／秋道智彌「インドネシア東部における入漁問題に関する若干の考察」『龍谷大学経済学論集』1996年35号、PP. 2–40／秋道智彌『コモンズの地球史：グローバル化時代の共有論に向けて』岩波書店、2010年／秋道、前掲書（註2、2013年）

11　Tomoya Akimichi, "Species-oriented Resource Management and Dialogue on Reef Fish Conservation: A Case Study from Small-scale Fisheries in Yaeyama Islands, Southwestern Japan," *Understanding the Cultures of Fishing Communities: A Key to Fisheries Management and Food Security*, FAO Fisheries Technical Paper 401, 2003, PP. 109–31.

自然総有論の現在と未来

福島第一原発同時多発事故から考える

室田　武

はじめに

東京電力福島第一原発同時多発事故をめぐって、日本政府は、東京電力の責任をなるべく問わないよう、いくつかの対策を講じている。そうした対策に一つに、住民の帰還が不可能なまでに汚染が厳しい民有地一九平方キロメートルを国有地に転じる、というものがある。そして、その国有地を、除染作業でまとめられた汚染物質の中間貯蔵地にする、というのである。このような私有地から国有地への転換と核のゴミ捨て場の創出は、土地の所有と利用について、これまでになかった新しい問題を生みだしている。他方で、原発開発とは直接には関係ない問題提起として、以前から総有概念を拡張しようとする議論が続いている。最近では、自然総有という新しい概念が提起されてもいる。本稿では、これら二つの問題をとりあげ、今後の検討課題を考えてみたい。

深まる福島原発危機

一九四五年の広島・長崎、そして二〇一一年の福島。どちらも日本史を変えた、あるいは変えるであろう核災害である。いずれもウランとプルトニウムが、人為を超えて勝手に動き出してしまった点では同じである。ただし、違いもある。一九四五年の場合、焦土の果てに米軍が投下した原爆であり、さすがの日本の支配者層ももはやこれまでと察し、連合国軍の前に無条件降伏した。三発目の原爆が投下されることはなかった。しかし、福島第一原発においては四基にも上る施設の重大事故による大量の放射性物質の海陸への放出を眼前にしながら、電力業界も政府も原発をやめようとはしていない。それどころか、国内の原発を再稼働させる計画を立て、さらには海外に売り込もうとさえしている。

二〇一三年一〇月末、安倍晋三首相はトルコのイスタンブールを訪問した。訪問の目的の一つは、日本企業が建設を請け負ったボスポラス海峡横断地下鉄の開通を祝う式典に列席することであった。しかし、それだけのことで国会会期中に首相がトルコまで出かけるはずはない。一〇月二九日、三菱重工業の企業連合がトルコ政府と原発受注で正式に合意した。この合意書への調印という重要な行事が、首相のトルコ訪問中に行われたのである。二九日午後（日本時間三〇日未明）には、トルコのエルドアン首相と日本の安倍首相の間で首脳会談が開かれたが、会談後の共同記者会見で、合意書調印がなされたことが公表された。

このように安倍首相が日本の内外で原発推進路線に突入している一方で、日本政府が取り返しのつかない誤りを犯しつつあることに気づいている人々がいないわけではない。例えば、小泉純一郎元首相である。この人は、地質が極めて不安定な日本には、原発の作りだす放射性物質の安全な保管場所がどこにもないことに少し前から気づいたようである。そして、現状では至って安定した地質構造を持つフィンランドを最近訪問し、そのような国でさえ放射性物質の超長期にわたる安全な保管は容易でないことを学び、脱原発の必要性をますます強く感じたようである。彼の学問上の師の一人が、「原発即時ゼロで未来を拓く」という副題の著作【註1】を刊行した経済学者・加藤寛であることも、最近の彼の発言に関係がありそうである。

とはいえ、小泉元首相のような政治家はまだ少数であり、原発が国土破壊の道具であることにまだ気づいていない政治家や経済界のリーダーたちが多い。そうした人々は、六八年前の広島・長崎の原爆体験から何も学んでいないし、電力の地域独占の弊害もよく知らないのであろう。

二〇一一年三月一一日に始まる福島原発の同時多発事故では、原発に近い病院からの緊急避難に伴うストレスなどで、数日以内に死亡した人々だけでも数十人にのぼり、以後死者は続出している。しかし、原発施設の爆発、あるいは放射能汚染による即座の死者はいない。建物の外へ放出された放射能の量は極めて大きいにもかかわらず、である。つまり、事故の重大さに比べて、目に見える被害の出現は、事故発生から二年半以上を経た今も、必ずしも大きくない。

だが、次の三つの理由により、事故の過小評価が導き出されてはならない。一つは内部被曝の問題であり、その規模はまだほとんどわかっていない。もう一つは、放出放射性物質の、おそらく八割前後は海洋に落ちる、ないし流出していて、陸上にたいしては相対的に小さい影響しか与えていないが、そうであってさえ、事故によるものと考えられる甲状腺異常などが既に観察されている。もう一つは、海に流出した、そして今も流出し続けている放射性物質による海の生態系異常である。要するに、福島事故の悪影響の大きさが顕在化して来るのはこれからなのである。

アメリカにまで至る北太平洋の放射能汚染

福島原発事故は、これまでの所有権や利用権をめぐる議論を超える新しい問題を提起している。原発の敷地境界をはるかに超えて放出された気体や液体の放射能は、多くの人々の生活圏である東北地方や関東地方をおそった。放射能の飛散は日本列島に局限されることなく、事故発生から六日後には、早くも北アメリカ大陸で福島起源を確実視されている放射能の飛来が観測されている。

一九八六年四月二六日に発生した旧ソ連のチェルノブイリ原発事故の場合、同年五月三日から日本各地で放射能が観測された。今回の福島原発事故は、長期的には、このチェルノブイリ原発事故をはるかに上回る規模の放射能汚染を日本各地、および北半球に及ぼす可能性がある。

チェルノブイリの場合、事故発生から数年以内に少なくとも千人単位で人命が失われた模様であるが、これは主に事故炉を鉄と鉛とコンクリートで塗り固める石棺づくりのためであったと考えられる。そして、爆発後も原発敷地内に残っていた放射能の飛散・流出を止めた。これに対し福島では、当事者が意図したか、しなかったかは別問題として、放射能の大半を海に流して（あるいは海に流れることによって）、陸上汚染を相対的に小さくしたのである。

この過去の方式をより体系的に今後も続けることとは、日本の原発推進諸当局だけでなく、海外の推進当局の薦めでもある。すなわち、二〇一三年一二月四日、国際原子力機関（ＩＡＥＡ）の調査団は、除去困難な放射性物質トリチウムなどを国の基準値以下に薄めたうえで汚染水を海に放出することも、選択肢として検討するよう日本政府と東京電力に助言した（『読売新聞』デジタル版、一二月四日）。この ことにより陸上の汚染水の貯蔵容量を守れる、というわけである。この調査団の「ファン・カルロス・レンティッホ団長は記者会見で、安全性を確認しての海洋放出は〝世界中でよくとられる手法〟と述べた」という（同上）。

国際原子力機関調査団の認識の甘さは信じがたいレベルのものである。海に流出した放射能について検討が迫られている。事故発生直後から、放射性物質の発する崩壊熱を除去するため、という理由で、福島第一原発の炉心部には大量の水が注入された。しかし、炉心部のあちこちに損傷があるため、そこから水は漏れ出し、炉心冷却のための閉じた循環を作ることはできなかった。

それればかりではない。原発よりずっと西側の丘陵や山々からの地下水が原発構内の地下を走って、東に広がる太平洋に注いでいる。原発の損傷状態は、事故発生から三年近くが経つ今でも詳しくは不明だが、損傷箇所の一部は、破壊の著しい炉心と地下水の結節点になっているものと思われる。このため、東京電力関係者による人工的な注水部分に自然の地下水が混合した水は、破壊炉心の放射性物質を太平洋へ押し流す役割を担ってきたはずである。本稿執筆時の二〇一三年一二月にも、そうした形での北太平洋汚染が続いているものと思われる。

国有地にされる重度放射能汚染地域

『共同通信』の二〇一三年一一月二三日の配信記事によれば、「東京電力福島第一原発事故に伴う除染で発生した汚染廃棄物などを長期保管する中間貯蔵施設を建設するため、政府が第一原発周辺の土地約一五平方キロメートルを購入して国有化を進める方針を固めた」ことが二二日にわかった。「除染を所管する環境省の石原伸晃大臣が一二月前半、福島県を訪れて、佐藤雄平知事や地元四町の首長に施設建設の同意を正式に要請する」のだという。そうした土地の面積は、その後まもなく一九平方キロメートルへと拡大された。

国有化の対象となる土地の地権者は数千人に上る。そして、「国が住民や地元自治体の同意を得た上で、中間貯蔵施設の建設を急ぎ、遅れが目立つ除染の加速化を図る」方針だという。「政府は、国有化の対象地域を、福島・大熊町と双葉町、楢葉町の一部としている。中間貯蔵施設の建設をめぐっては、地元の自治体が調査は受け入れているものの、建設にはまだ同意していない状況」である。

事故は東電に責任があるのであるから、汚染廃棄物などを長期保管する中間貯蔵施設をもし建設するなら、東電が自ら費用を引き受けて建設するのが当然であるのに、国の負担で多くの私有地をまとめて買い上げ、そこを国有地に転じ、さらに除染活動で排出される、強度に放射能汚染された土や草木などの中間貯蔵施設建設をその土地で行うというのである。

こうした計画は、今に始まったわけではなく、民主党政権時代の二〇一二年の早くに既に始まっていた。『時事通信』二〇一二年三月八日配信のニュースによると、「東京電力福島第一原発事故で汚染された土壌・資材を保管する中間貯蔵施設を設置するため、同原発の半径五キロ以内で年間放射線量が一〇〇ミリシーベルトを超える用地を国有化する案を政府・民主党が検討していることが七日、明らかになった。国の主導で該当する地域の不動産を基本的に買い取る。同原発の廃炉関連施設を設置することも検討している」という。

このニュースは、さらに「中間貯蔵施設に加え、廃炉作業の着実な実施のためにも用地の国有化が必要とみており、現地で放射線量の測定作業を進めている」と伝え、「政府は土地や家屋の買収に当たって、土地代のほか立ち退き費用などの補償も検討している」と報じた。

つまり、民主党政権下に作られた計画が実現しないまま政権が代わり、自公民政権の下に改めて先述の国有化路線が提示されるに至っているのである。東電は、本来ならば、除染活動をする方がよい地域を定め、収集する汚染物を自らが引き取るべきである。しかし、実際にはそうせず、汚染物発生の責任を取らず、黙って未使用の核燃料、および使用済み核燃料の所有権を放棄しているのである。

そこで次に所有権放棄問題を検討してみたいが、その前に、そもそも原発とは何か、その技術的な本質を見ておきたい。

珍妙な原発という発電装置

原子力発電所は、技術としてはミスマッチの典型である。それをみておきたい。日本では、蒸気機関の発明者はジェームス・ワットだという誤認がまかり通っているが、蒸気機関を発明したのは、トマス・セーヴァリであり、彼がその特許を取ったのが一七九〇年代のこととされる。それを改良して実用化したのがニューコメンであり、その年が一七一二年だったことから、二〇一二年は三〇〇周年にあたるとして、記念行事が行われた（なお、ワットの主要な貢献は分離凝縮器の発明にあり、これによって蒸気機関の熱効率は大幅に向上した）。この、ニューコメンのレシプロ式の蒸気機関から発展し、イギリスのチャールス・パーソンズによって一八八二年に蒸気タービンが発明され、一八八九年にその蒸気タービンを用いた発電が実現するが、これが原発と大きな関係がある。一〇〇年以上前の、一八八九（明治二二）年にほぼ完成したこの優れた技術に、核分裂の原理を結びつけた技術として原子力発電所が開発されたのである。一〇〇年前の蒸気タービンの技術と核兵器研究で理解されるようになった核分裂の技術という、全く違う原理でできたものを、一つの容れ物でまとめたわけであるから、技術的な本質に無理があった。

次に核兵器誕生の経緯をみる。その初期にはハンガリー生まれの物理学者レオ・シラードが深く関わっている。ドイツ、イギリスを経由してアメリカに渡ったシラードは、一九三九年初頭までにドイツにおいて核化学者オットー・ハーンらが、ウラン二三五の原子核が低速の中性子の衝突により核分裂することを実験室で前年後半に確かめたことを知っていた。彼は、もしこの原理をナチス党が知って兵器に応用するならば、世界は暗い、と考えた。

渡米した彼は、相対性理論の樹立者として既に名声を博していたアルバート・アインシュタインに事情を説明し、ドイツに先駆けて核開発をすべきことをアメリカ政府に進言するよう説得した。アインシュタインはこの提案に従い、一九三七年八月二日付で、ウラン兵器開発を進める手紙をフランクリン・ルーズベルト大統領宛てに書いた。アインシュタインの書簡は、シラードによって、先ずニューディール政策の仕事を通じて大統領と面識があった経済学者アレクサンダー・ザックスに手渡された。ザックスは書簡を、タイミングを推し量ってホワイト・ハウスに届けたのである。同年一〇月、アメリカ政府は秘密裡に大量のウラン調達をはじめとする核開発に着手した。やがてそれがマンハッタン計画へと拡大した【註2】。

一九四四年には第二次世界大戦の戦局は、明らかに枢軸国側にとって不利となった。一九四五年五月にドイツのヒットラーが自殺、日本の降伏も時間の問題であった。この時点で連合国側にとって原爆開発の必要はなくなったが、マンハッタン計画は日本への飛行機による原爆投下の方向に既に大きく傾いていた。シラードは、それをやめるべきことをアメリカ政府の関係部門に進言する科学者のグループを作って活動を開始したが、完全に無視された。そして、八月六日に広島にウラン原爆、九日に長崎にプルトニウム原爆が投下されたのである。

広島原爆は、ウラン二三五の核分裂連鎖反応が、種々の人工放射能を生み出して人間をはじめとする生物に対して甚大な殺傷効果を発揮しただけでなく、莫大な熱エネルギーを解放したことも立証した。第二次世界大戦後も、アメリカでは核開発が続けられた。当時のソ連はアメリカに対抗して核開発を進め、イギリス、フランスもアメリカとは独立しての核開発の道を歩み始めた。中国は、ソ連の下で核兵器保有国となる。こうした核開発競争の中で、熱エネルギーの利用も課題となった。

しかし、核分裂による莫大な熱エネルギーの、原理的に新しい利用法は、いかなる国の技術者や科学者にも見つけることができなかった。結局、一九世紀末近くにパーソンズが実用化した蒸気タービンを回しての発電という、昔ながらの方法しかなかったのである。

蒸気タービン式発電といえば、現在の日本では大型の石炭火力発電がその代表だが、より小型の蒸気タービン式発電は、地方自治体のごみ焼却発電に見ることができる。日本各地に普及したごみ発電には、ダイオキシン類対策などの環境規制を守るならば、ごみの焼却・減容ができるという利点がある。ところが、原発という蒸気タービン式発電は、ごみを減らすどころか、核のごみともいわれる放射性廃棄物を増やすところに本質がある。したがって、生産的な技術からは程遠く、逆に生態系破壊的な、そして潜在的には人間破壊的な技術である。この技術的本質が、社会経済的には何をもたらすか、以下で考えてみる。

ふくらむ所有権放棄願望

原発は、社会構成員の多くが必要と考え、お金を払っても買いたいと思う電気を生み出す。しかし、放射能が作られることによってはじめて電気も作れるのである。電気は欲しいが放射能はいらない、といってもそれは通用しない。電力会社は、ウランを購入し、それを所有し、加工して核燃料をつくる。その核燃料によって電気を生産すればするほど、核燃料は使用済みとなり、核のごみとなる。

電力会社は使用済み核燃料を所有するが、それは処理・処分のために多額の費用を要する所有物である。そこでふくらんでくるのが、厄介な使用済み核燃料の所有権は放棄してしまいたいという願望である。だいぶ昔に、ロケットに積んで遠い宇宙空間のかなたに捨てるという案が検討されたことがあるが、ロケット打ち上げ失敗率の高さゆえ、廃案になった。ゴビ砂漠に捨てさせてもらうという案もあるが、日本の核のごみを喜んで受け入れてくれる国はないであろう。

結局のところ、日本の原発が生んだ核のごみは、国内で保管するしかない。しかし、重大事故を引き起こした東電の場合、使用済み核燃料も使用中の核燃料も、かなりの部分が微粒子となって飛散、あるいは流失し、不可視になっている。したがって、所有権はあいまいになっているが、この場合、強度に汚染された地域は、帰還困難地として東電が買い取るべきであろう。

それにもかかわらず、政府は、そこを国有地にする、というのである。東電の所有権放棄を認め、その責任は問わず、税金で国有地を増やすのが目下の政府の方針である。ウラン燃料の所有権をめぐってこのように重大なことが起こっている今、所有権の獲得と放棄に関し、そのあり方をめぐる徹底的な議論が求められているのではないか。

この点に関し、福島事故のずっと前のことだが、物理学者の槌田敦は次のように述べている。すなわち、「所有権の獲得は法律によって厳しく制限されているのに、所有権の放棄はきわめて簡単である。不法に所有権を獲得すれば、泥棒として罰せられるが、不法に所有権を放棄する場合、泥棒に対応することばがなく、処罰も軽い。この所有権の獲得と放棄を対等の法律体系にすることは将来、人類社会に対して必須の課題であろう」【註3】。福島事故を経験している今、槌田のこの問題提起をウラン燃料に関して考察すべきであろう。

総有論の新地平

ところで、ウラン燃料のような、極めて危険な毒物の所有権問題を別とすれば、近年の日本においては、総有論の新たな展開がみられる。これには、法学に根差す議論もあれば、法学にこだわらない議論もある。

総有は、元来は法学用語で、ドイツ語のGesamteigentumに由来する。ゲルマン民族の間で知られていた〝みんなのもの〟を表す言葉として、一七八六年に法学者のシュナウベルト【註4】が使ったのが最初である【註5】。続いて、ホーファッカー(K. C. Hofacker)という人物が一八〇〇年に用いたという。次に、べーゼラー(Georg Beseler)がゲルマン法の概念をより体系的に論じる際に用いた。ただし、日本の法学関係者の間にこの語が広まるのはギールケ【註6】の著作を通じてであると考えてよい。法制史家の中田薫(一八七七～一九六七)が、大正期の一九二〇年の論文でこれを総有と訳し、以後日本語として定着した【註7】。江戸時代の日本には、惣村、惣湯などの概念があったから、総有という言葉は受け入れやすかったのではないだろうか。いずれにせよ、総有という日本語の登場は比較的新しく、一〇〇年に満たない。

『世界大百科事典 第二版』(平凡社)の解説によれば、総有とは「共同所有の一種で、多数の者によって構成される共同体(ゲノッセンシャフトなどとよばれる)の土地その他の財産を、共同体とその構成員が連帯して支配する形態をいう」とされる。すなわち、「財産の管理・処分の権能は、共同体に属し、使用・収益の権能は、構成員に帰属している」という特徴がある。

そして、「構成員の団体的結合関係が強く、構成員は、構成員としての資格を備えることによって、この権能を取得し、資格をなくすことによって、権能を喪失する。共同体としての管理・処分の方法、構成員としての使用・収益の態様、構成員の資格の得喪などは、いずれも共同体の内部規範によって決められる」のである。

もっと簡単な総有の説明は『デジタル大辞泉』にあり、「共同所有の一形態で、最も団体的色彩の強いもの。財産の管理・処分などの権能は共同体に属し、その使用・収益の権能のみ各共同体員に属する。入会《いりあい》権など」と述べられている。

以上のような解説は法学の発想によるものだが、社会学の立場から、柔軟に総有を理解することもできる。たとえば、環境社会学者の藤村美穂は、〝みんなのもの〟という言葉を手掛かりにして、次のように総有を議論している。すなわち、「むらの空間は、〝みんなのもの〟という〈地〉の上に、あらゆる濃淡をもった〈図〉として〝私〟有の意味が塗られているのである。したがって、〈図〉である〝私〟有地は、私的所有権——あるかないかの二分法で決められる——とは違って、利用に際して特定の者の自由が保証される度合いでしかないのである」【註8】という。

ところで、「このような所有意識のあり方は、むらで暮らす人々の側からみれば、〝むらの土地は（どこであっても）むら全体のものだ〟という感覚にもなる。このような、私有地の基底に存在する所有のあり方は、入会慣行と同様、現在でも多くのむらにみられ、村落研究の領域では〝土地所有の二重性〟または総有と呼ばれている」【註9】。

所有を私有と公有に厳密に二分するのではなく、みんなのものと見ることとは、日本の今後の人口減少社会において、特別に重要な意味をもつであろう。人口減少社会で既に問題になっているのは、天然資源の過少利用や空き家の増加などであるが、それらの問題に取り組むには、総有的な接近が不可欠となる。たとえば、山村での放置森林に関して、都市民がボランティアとしてその手入れに関与しようとするとき、例えば週末だけ楽しみながら手入れをするという森林の利用と森林の先祖代々からの所有者とは別人である。所有者は、別人による利用を拒むこともできる。しかし、自己の森林を整備してもらうことで利益を得るかもしれない。このような場合、森林を私有し続けるより、一定の規律のもとに他者を含めた総有にする方が賢明であることがある。林学者の山本信次の森林ボランティア論【註10】などのうちに、そうした問題への接近のヒントがある。

法学の立場からも、たとえば都市における新しい形の総有が意味を持つことを、高村学人が実証研究を含めて論じている【註11】。そこでは、首都圏におけるマンションづくりを里山・緑地保全を両立させた事例などがくわしく分析されている。また、地方行政の現場から類似の問題を考察した例として、平竹耕三の研究【註12】がある。これは、地元のまちづくり組織による土地利用の協同化の推進を、京都市相国寺の財団法人万灯会、滋賀県長浜市の株式会社黒壁、香川県高松市の丸亀商店街を事例として論じている。

自然総有をめざして

福島原発事故を経験して、将来の総有論は、従来以上に環境保全に踏み込んだものになるのではないか。在野の研究者である松本文雄は、みんなのもの、としての総有を論じているが、自然総有権を主張している点で先駆的である。そもそも、自然は所有できるのか。所有されるものとしての自然、という思い込みによっては、自然は理解できないのではないか。松本の自然総有権という概念は、そんなことまで考えさせる。

松本は地理学者の村松繁樹（一九〇五年生まれ）の薫陶を受け、高校の教員を長年務めた人物である。教員を務めつつ、彼は、大気汚染による松枯れの立場に立ち、農薬で松枯れは止められないとし、農薬空中散布に対する反対運動を、兵庫県高砂市を中心に繰り広げた。

松本は、自然総有権の一部として入山権の立法化を求めている。ここで、「入山権とは、ハイキング、動植物鑑賞・観察、森林浴、眺望そして谷川のせせらぎや野鳥のさえずりを聞き、奇岩を愛でるなど、外的自然を享受するために自由に里山に立ち入ることの権利をいう」【註13】。これは、北欧諸国ですでに公認されている「万人権」にほぼ対応する【註14】。

自然総有権を主張する松本文雄は、次のようにも述べている。「外的自然である土地の所有に関しては他領域の専門分野に渡り膨大な研究報告がある。渡辺尚志が指摘のように〝土地（自然）は人間生存の永遠に基礎〟であるためである。また第二次世界大戦後の日本には膨大な量の法律や制度があることを五十嵐敬喜は指摘しているが【註15】、〝人間生存の永遠の基礎〟であることを忘れた法律を如何に多量につくり出しても土地所有者にとっての私的利益追求の手段としての意味を強め、地球規模での乱開発と環境破壊を強めてしまう」【註16】と述べている。

松本はこうした考察に基づき、「土地所有に関しても、我欲に徹し目先の利益追求という従前の枠組みを取り払い、〝所有と利用という従来の理念をのりこえて〟、新しい概念である自然総有の思想啓蒙並びに行動を興しつつ自然総有の枠組みを構築する時である」【註17】と主張している。換言すれば、所有と利用という旧来の概念だけではくくりきれない新しい思想と行動の枠組みを模索しているのである。

こうした松本の著作は、積年の思索と行動に基づく主張であり、傾聴すべき論点が多い。いわゆる3・11より前の著作であるために、現在の原発危機にまでは考察が及んでいないという限界はある。また、法学における総有論をほとんど踏まえていないという根本的弱点もある。しかし〝所有されるものとしての自然〟を想定している従来の理論をのりこえようとしている点で、将来へ向けての第一歩を踏みだしている。「大気という外的自然はみんなのものとする自然総有行動」【註18】、「内的自然である各人の健康」【註19】などの概念に見られる積極性は大いに評価できるのではあるまいか。

おわりに

蒸気タービン発電は、燃料として天然ガス・石油に加え、石炭が日本の脱硫技術の進歩に支えられて重要な位置を占め、効果的に運転を続けている【註20】。さらに、最近では一般廃棄物（ごみ）を燃料としても効果的に動いている。こうした蒸気タービン発電の燃料をウランにするという、とんでもない愚行を続けてきた結果が福島原発事故である。

他方、事故があろうとなかろうと、原発の運転は、低レベルのものだけでなく、高レベル放射性廃棄物を大量に発生させる。その最終処分の方法は深層地下処分とされるが、地震国日本にはその場所がない。場所はなくても高レベル放射性廃棄物は既に作られてしまっているし、もし再稼働となればさらに増える。適地がなくても処分地を設けるとすれば、強制によるしかなく、国有地を増やしてそれに充当するしかない。福島の場合、最終処分どころか、事故に伴う汚染物の中間貯蔵だけでも、私有地を強制的に国有地に転換するという痛みを伴う。国有地にして難題をなるべくそこに押し込めてしまおうという試みの犯罪的性格をみる必要がある。

一九四五年、広島、長崎に続いて、日本のどこかに三発目、四発目等々の原爆を投下しようとは、さすがにマンハッタン計画の当事者たちでも真剣には考えなかったようである。しかし、二〇一一年に福島で重大な損傷をこうむった四機の発電用原子炉が、二〇一四年のいまも、不安定な状態にさらされている状態で、別の原発を再稼働させよう、将来的には新設もありうる、などと真剣に考えている為政者の声が聞こえてくる。これは、日本の核武装どころか、核自滅への道である。

だが、暗澹たる将来を展望するだけでは、未来世代への責任が取れない。近年、総有を旧来の入会権の範囲だけに限定することなく、より広い分野にまで柔軟に拡張しようとする試みがなされるようになった。人口の減少と格差の拡大がもたらす負の諸現象に対して、新しい総有の形が都市と農山村の両方に出現しつつある。こうした総有の輪は、電力会社の原発とも無関係ではありえない。大事故の際には敷地外にも大量の放射性物質が飛散・流出することがはっきりわかったいま、電力関係者以外の超広域の市民、住民にも、原発の是非を議論する権利がある。そのことが切り開く新しい社会に期待したい。

註

1　加藤寛『日本再生最終勧告：原発即時ゼロで未来を拓く』ビジネス社、2013年。

2　第二次大戦下における核兵器開発の詳細は、次の書を参照。槌田敦・山崎久隆・原田裕史『福島原発多重人災　東電の責任を問う』日本評論社、2012年、P. 98。

3　槌田敦「物質循環による持続可能な社会」『循環の経済学』学陽書房、1995年、P. 279。

4　Andreas Joseph Schnaubert, 1750–1825.

5　岡田康夫「ドイツと日本における共同所有論史」『早稲田法学会誌』1995年74号。

6　Otto von Gierke, 1841–1921.

7　室田武「山野海川の共的世界」『グローバル時代のローカル・コモンズ』ミネルヴァ書房、2009年、PP. 35–36。

8　藤村美穂「"みんなのもの"とは何か：むらの土地と人」『コモンズの社会学』新曜社、2001年、P. 41。

9　同上。

10　山本信次「森林ボランティア活動に見る環境ガバナンス」『グローバル時代のローカル・コモンズ』ミネルヴァ書房、2009年、PP. 101–23。

11　高村学人『コモンズからの都市再生：地域共同管理と法の新たな役割』ミネルヴァ書房、2012年。

12　平竹耕三『コモンズと永続する地域社会』日本評論社、2010年。

13　松本文雄『自然総有論：入山権思想と近郊里山保全を中心とする』メタ・ブレーン、2008年、P. 143。

14　Daisaku Shimada and Takeshi Murota," Multilayered Natural Resource Management in Open and Closed Commons," *Local Commons and Democratic Environmental Governance*, The United Nations University Press, 2013, P. 191.

15　なお、ここでの五十嵐の指摘とは、法律の数については放送番組「NHKスペシャル　緊急・土地改革：地価は下げられる」の報道内容から引用（『月刊ウィークス』1990年12月臨時増刊、NHK）しているものであるが、主眼はその報道での分析からは見えてこない、膨大な数の法規を伴うことの多い現行法律体系のなかにあって、錯綜した法体系の整合性をとる立法技術と官に対抗できる民における法案立案能力の不足を問題にし、記述していることを補足しておきたい。

16　『月刊ウィークス』（同上）、P. 339。

17　同上、P. 341。

18　同上、P. 348。

19　同上、P. 351。

20　蒸気タービン発電に関しては、近年の日本の火力発電所では、天然ガスを燃料にしてもコンバインドサイクル発電が普及してきており、まず天然ガスを燃やしてガスタービンを回す内燃力発電を行い、次にその高温排気を利用して水蒸気を発生させ、蒸気タービンを回し二段階目の汽力発電を行うタイプが多い。このことによって火力発電の熱効率は最近目覚ましく上昇している。

現代総有論に寄せて

コモンズ論からのメッセージ

マーガレット・A・マッキーン

はじめに

本書に収められたどの論文も、現代日本の抱える土地利用計画をめぐる多くのジレンマに対する解決策として、共同所有の概念（「現代総有」として提案されている）に関心を向けている。

私が日本の所有権制度に興味をもったきっかけは「入会」との出会いであった。入会の場合、資源の所有者と利用者のあいだで、所有権の属性の大枠の意思決定は共同で行いつつも、資源からの便益の享受はその特性から言って個別になされるという性質をもっている。「現代総有」の場合も、入会と同じ構造をもっているようにみえる。

日本の入会は世界的にはコモンズと総称される資源システムの一種であるが、本稿ではそれが存立している場合の合理性を述べるとともに、なぜ今日においてもそれが重要であるかについて触れてみたい。なお日本の伝統的入会は、ゲルマン法にみられた総有（Gesamteigentum）との近似から総有と位置づけられてきた。「現代総有」との差異は必ずしも明らかではないが、古典的総有の意義を生かしながら、地域ベースでひとびとのリベラルな総意でなされる共同決定に基づく社会的仕組みになるものと理解している。私からのメッセージが「現代総有」創出の場合の参考になれば幸いである。

入会やコモンズの存立理由

多くのひとが入会を所有権としては古臭く珍妙で、経済効率を阻害し廃止の必要な制度と捉えているのではないか。しかしそれは、経済成長や経済効率の持つ意味を誤解していたり、間違って適用しようとしているからである。人々が共同の便益を追求し、リスクの共有を図ろうとするなら、入会という所有権に関する取り決めは、近代化信奉者がより「近代的」【註1】と考えるような完全な個別的所有権と比較しても、入会のメンバー（構成員）にとって役に立ち、その目的に照らしてより優位性があり、「効率面ですらよい」ことがわかる。入会の制度の下では、資源利用者自身が利用方法の決定、利用総量に上限や利用の抑制を働きかけるという選択、そして日々の運営規則をつくり出すというように、資源ストックを共同で保有し管理することが許されている。

コモンズと総称される、世界中に見出される入会類似のシステムでは、資源ストックの共同管理とともに、個別になされる利用を合わせもつことを特徴とするが、これを生産のシステムと捉えると、所得のフローを生み出しながら、生産のための資源ストックは用途に変化がある場合を含めて、持続可能な状態で保全されるものであることがあげられる。このことをエリノア・オストロムは共同で立案された規則のもとで、利用に合わせた単位資源を取り出す過程と呼んだ【註2】。

意思決定は共同ながら、資源から得る便益や所得の受け取りは個別になされるという権利の構造をもっているのが、総有の核心である。これは株式会社組織にも近似している。そこでは、株主は配当取得の権利を有すると同時に、事業管理に関する意思決定にも共同で参画できる。株式の処分にあたって、他の株主の許可が必要であるかどうかは制度によって違いがあるが、今も世界に生きる無限責任の合名会社形態では、その団体全体が処分に関しても決定権をもっている。

個別所有権を唱道しようとしている人々にとって、処分権を内包した制度は「近代的」であると受け取られているが、それならば入会を組み込んだコミュニティは、完璧に近代的な所有権をそのコモンズのなかに有しているといえる。会社の共同所有者、事業組合（パートナーシップ）、そして株式会社において、意思決定権と資産の所有権が共有されているように、「現代総有」を形づくろうとすることは、通常市場でなされることと完全に共存できるものである。営利企業、事業組合、株式会社は、個別所有権を合法的に合同したものであるが、発達した資本主義の正常な風景の一部として認められているもので、総有だからといって問題になるということもないであろう。

いかに「相互信頼のシステム」を創出するか

企業の理論【註3】に従えば、個人が個々に独立した契約者として商取引をする際に発生する取引費用に比べ、共同して事業にあたる場合に得られる効率向上の利得の方が高い場合には、企業という形態が誕生することになる。とはいえ、どのような共同作業でも義務回避やただ乗り行為は現れるものであるが、共同した場合に得られる利得がリスクに起因する費用を上回る場合が必ずやある【註4】。そしてコモンズでよく見られるルールとして、コモンズから得られるフローの利益、意思決定での投票権の割当、コモンズ資源の一部売却といった得られた取り分に関する分配においては、利用者が投入してきた時間、金銭、努力の量に比例してなされるのが一般的である。

これは他の共同的な企業行為においてみられる、所得と責任の配分の場合のルールに酷似している。すなわち、株式の数が増えれば投票権数も多く、当然失敗した場合のリスクは増え、順調なときにはより多くの所得を享受できる。入会制度のもつ基本的な強さは、便益が発生すればそれに寄与したひとにだけ分配をし、貢献のない者には償いが求められることを通じ、公正な努力による寄与が促されるという仕組みとなっていることである。

このように協同を促し、ただ乗りを挫く取り組みは、我々が形成しようとしている集合財に適用できる。それは、津波や気候変動に基づく海面上昇によるリスクを減少させるための海岸地域計画の見直しから、公園や緑地帯によるアメニティの提供、消防署や交番の設置、あるいは天災の際の被災者避難ルートの創設といったことまで応用できることになる。

このような協同する制度は、「相互信頼のシステム」といってもよく、全員が望みながらも他の方法では結実しない相互利得が協同を通じて得られることになる。協同する制度を無視した場合には、共同利得の達成や犠牲発生のリスクのプールができるといった、すべての希望が捨てさられることになる。

持続可能性のある社会をつくるために

規模が大きく人口密度の高いこの地球では、高水準の物質代謝（通過物質量）のなかで生活が営まれるが、そこでは多大な外部性（多くは負の外部性）をつくり出している。これらの事態や近代的生活のもつさまざまなリスクに対処できる唯一の方法は、消費、建設、特に都市地域での生活様式において相互に調整を図っていく以外にない。工業化と都市化のなかで人々は個々に独り立ちという小さく切り刻まれた個人的帝国をつくり上げることで精一杯となり、今や調整に基づいて行動をとることの重要さを見失っていたことに漸く気づくことになる。今日、人類の制御能力を超えた地質学的な力の存在、制御不能な気候変動など様々な要因によって我々はこれまでにない多大なリスクに直面し、それゆえより一層の相互保障を必要としていることに気づくのだ。

持続可能性の保持を定める諸要因のフロンティア（環境的耐容の限界）に近づくにつれて、以前に比べてより注意深い計画の策定、そして我々に水や空気をもたらし巨大な大都市地域にあっても自然のアメニティを提供してくれる資源システムに対してより注意を払うべきことが要請されている。コミュニティにアメニティをつくり出すこと、高水準の質の環境を保障すること、住宅、ショッピングエリア、交通、そしてレジャーを全体として良好に計画する場合にも、計画にはある程度の規模を必要としている。風水害、地震、津波による被災のリスクの高い地域にとって、リスクのプールや犠牲を共有することから、多大な便益を得ることができる。低地や氾濫原といったリスクの高い地区に立地する施設に制限を設けること、また住宅や学校の高台立地、脆弱な構造をもつものを多くつくるよりは少数でも堅固な構造体を建設する、といったことを通じて、同様の効果が得られる。

本書で五十嵐敬喜が述べるように、公益の追及だからといって土地の国有化が必要となるわけではない。国有化などになれば官僚のつくり出す計画ばかりになる。社会主義時代の中央計画がそうであったよう、国家による上から押さえつける手法をとることになり、それらは恐ろしくも馬鹿げた、そしてニーズにはまったくといってよいほど応えず、想像を絶するほど経済的に非効率であったものだ。たとえ所有権の所在を変えずとも、個人所有の小さな私的所有のままであっても、個々の所有主が手を携えて経営主体を共有するものを生み出すことができるのである（これこそ現代総有の形式である）。そこでは個々には共有主体の事業目的への貢献に合わせて比例的に所得や営業上の利得を受け取ることができる。

五十嵐敬喜が都市の荒廃をみて嘆き悲しむのがよくわかる。そこには都市の高層建築と放棄された空地との無秩序な混在、必要な規模の土地利用計画が動かないこと、地震、津波、放射能によって被災した土地に立地していた集落に関わる社会的問題をつくり出すだけである。五十嵐教授はひとつの解答として、環境配慮型計画でリスクをプールし、被害を共有する一方、協働を通じて得られる利得に関しては共有できるような、ある程度大規模な協働計画を実行できる仕組みを提唱している。

調整不足のまま動き出すことの外部性は許容できず危険ですらあるが、協調した意思決定の上に立ってなされる入会に似た制度や現代的総有は生みだされて当然なのである。それらは決して過去の遺物ではない。それは調整を進める手法であり、よい副産物を生む協働行為である。それらは資本主義に会社組織があるのと同じである。そうすることで、工業化が進み人口増の続くところでは混雑現象が避けられないが、そんな地球でも生きていくことができるようにしたいものである。

（茂木愛一郎・訳）

註

1　いわゆる入会権の「近代化」方策として1966年の入会林野近代化法の制定があるが、当時の山林利用の変化に対応し山林経営の近代化を図るのが目的であり、多くの入会が消滅しそれに伴い権利主体も変わった。日本の入会権は古くは戸主、現在も世帯主に所属すると解釈され、個人に属するものではない。筆者自身は、入会林野などに関わりをもつそれぞれの個人（女性を含む）に入会権が付与されることが好ましいと考える。ここではこの法に則した入会権の近代化問題には深く立ち入らない。

2　利用に合わせた「単位資源（訳註：マッキーンによればuse-units, オストロムはresource units)」という用語は、2009年にノーベル経済学賞を受賞したオストロム（Elinor Ostrom, 1933-2012）が抽出した概念である。個々のメンバーが収穫したり利用する（コモンズ）資源の一部や、それらを金銭的所得に換えた所得を指す。オストロムは日本の入会制度を高く評価していた。出典: Elinor Ostrom, *Governing the Commons*, Cambridge University Press, 1990.

3　Ronald Coase, "The Nature of the Firm," Economica, November 1937, PP. 386–405

4　Gary Miller, *Managing Dilemmas: The Political Economy of Hierarchy*, Cambridge University Press, 1993.

第四章　現代への展開

土地所有権の絶対性からの転換
現代総有論の前提として

武本俊彦

はじめに

日本経済は、高度成長から安定成長を経て、バブル経済からその崩壊後にデフレ経済に突入した。農山漁村では、就業者の減少・高齢化もあって、農地の耕作放棄、森林管理の放置がみられるようになってきた。一方、都市部においても、戸建て住宅の空き家化、マンションの空き室増加に伴う管理の粗放化など、都市における土地・空間利用の放置問題がみられるようになっている。

なぜ、このような事態が出来してきたのであろうか。筆者は、土地所有権の絶対的自由の観念（以下「土地所有権の絶対性」）にその一因があると考えている。すなわち、日本の土地所有に関する制度は、明治維新以降、地租改正により貢租負担者である地主・本百姓が土地所有権者とされたことを通じて、近代的な土地所有権制度が確立した。その後、戦後の農地改革によって全国的に多数の零細な農地所有者（自作農）が創出されるとともに、高度成長期において、全国的な道路、鉄道、工場用地、住宅用地等の整備開発によって地価高騰がもたらされ、土地の資産的保有意識を強固なものとした結果、土地所有権の絶対性が確立したのである。

このような概念を前提とし農地制度、都市計画制度等からなる土地利用システムは、経済が右肩上がりで人口が増加している社会では、地価の上昇が期待されるので、少なくとも空き家や未利用な土地・空間が生じないという意味で、一定の貢献を果たしてきたといえるかもしれない。しかし、デフレ経済に突入し人口減社会になると、土地・空間の放置がみられるようになり、その有効利用が望ましいと多くの人が考えたとしても、現行制度の下では、所有権者の同意が得られなければ、緊急性があって必要性の高い事業だとしても第三者に利用させるといった方策は行われ難いのである。

こうした現状を踏まえ日本の経済社会の再生を図るためには、土地所有権者の意思の尊重よりも公共性の観点から利用を優先する土地利用システムを構築する必要があるのではないだろうか。

本稿では、農地制度と都市計画制度の史的考察を通じて、人口減少社会とデフレ経済の下では、土地所有権の絶対性から土地利用優先の原則への転換が必要であることを明らかにした上で、現代総有論の考え方を紹介し、それを包摂する土地利用システム（農地制度、都市計画制度）の見直し方向を提案する。

近代的な土地所有権（土地所有権の絶対性）の成立

徳川幕府がスタートした近世以降、農地に対する所有は、豪農（自ら耕作するための「手作り地」を持った大規模土地所有者＝地主）などの「百姓（豪農のほかに、製造業者、金融業者、運輸業者、醸造業者といった農村地域の自営業者）」が「底土権」をもち、土地を耕作している農民が「上土権」をもつという、

「一地両主」（一つの土地に二つの所有）が成立している状況になった。

明治維新以降、「富国強兵、殖産興業」という国家目標に必要な財源を確保するためには、地租改正（明治六［一八七三］年～明治一四［一八八一］年）を行い、地租の負担者である土地所有権者を特定する必要があった。「一地両主」を前提とする日本の土地所有制度は、政府の意思により近代的な土地所有権の確立へと、その転換が図られた。

すなわち、地租改正によって、直接生産者である耕作者（小作人）ではなく、貢納義務者としての地主・本百姓に一律に所有権が与えられ、小作という用益権は地主・小作人の当事者間の私契約に委ねられることになった。また、土地所有権と土地賃借権との関係は、明治二八（一八九五）年の現行民法の制定の結果、物権としての所有権に対して債権としての賃借権が従属することが確定し、土地の私的所有権の絶対性が法律上確立した。

地主制度の成立と小作立法等の動き

以上の地主的土地所有権の絶対性と小作人の耕作権の不安定性という地主・小作人の関係に加え、松方デフレ（明治一五［一八八二］年）をはじめ、たび重なる「農業恐慌」を通じて、零細自作農が没落して小作人化し、大規模地主への土地の集積によって、一九三〇年には小作地率が五〇％近くを占める「地主制度」が成立した。

地主と小作人との関係は、第一次世界大戦後の恐慌やロシア革命をはじめとする社会主義思想の影響等によって、小作争議が増加し、地主の温情や農村の淳風美俗によって解決すべきとの地主の主張では対応が困難になってきた。

このため、大正九（一九二〇）年に農商務省において、小作法の制定、小作調停、自作農の創設維持の三課題が検討されることとなった。

まず、民法の賃貸借に対する特別法として、小作権を強化し農地の賃借人の地位の安定を図るための小作法案が検討されたが、地主層の激しい反対によって成案を得ることができなかった。それに対して、小作争議が頻発するにつれ、その解決を法廷に求めることが増えてくると、特に地主層からは簡易な法的解決方法を求める声が大きくなった。こうした声を背景に大正一三（一九二四）年小作調停法が成立した。この小作調停法に対しては、小作人自身がその実益を知るようになり、昭和に入ってから小作調停は三千件程度になった。また、小作争議の増大を契機に、自作農の維持・創設に関する事業が実施されることになったが、これは地主から小作人が農地を購入する場合の資金を低利で融資するもので、土地価格の維持等を通じて地主にとってメリットのあるものであった。

都市計画制度の沿革――旧都市計画法（大正八［一九一九］年）までの経緯

東京市区改正条例（明治二一［一八八八］年）及び東京市区改正土地建物処分規則（明治二二［一八八九］年）

これら二つの制度は、幕藩体制から引き継いだ封建都市としての東京の既成街区を長期的視野に立って近代的な都市構造をもつ市街地に改造していくために制定されたものであった。また、道路、鉄道などの交通運輸を中心とした都市基盤施設の整備を図ろうとするもので、国家意思に基づく国家的事業を、国からの財政拠出を極力抑制しつつ、地域的受益者（東京市区）負担の原則によって確実に実施していくためのものであった。ここには地方自治制への配慮は基本的に存在しておらず、また、市区改正の適用地区には用地買収や建築制限を定めているものの、適用地区以外の都市の市街地改造や基盤整備の問題は放置され、無規制・無計画の状態に放任されていた。その当時農地転用が農地所有者（＝地主）の自由に任されていたことに加え、日清（一八九四～九五年）、日露（一九〇四～〇五年）の二度の戦争を経て、日本の産業資本主義的な発展に伴い産業と人口の都市集中が急速に進みはじめた結果、無秩序で乱雑な市街地が形成されたのであった。

都市計画法（以下「旧都市計画法」）と市街地建築物法（いずれも大正八［一九一九］年）

旧都市計画法と市街地建築物法（以下「旧法体制」）は、都市計画の決定権限や執行権限等の面で市区改正条例の延長上に位置付けられ、明確な目的意識を持って「国家による都市計画とその事業」を実施するものであるとともに、引き続き「地方自治制の原則を目的意識的に排除した特別法」としての性格を有するものであった。

しかし、同法で導入された「都市計画区域」制度は、都市計画区域外や「市街地」外の地域では、「特段の規制を定める必要がない」と考えられたことから、その当時、農地転用規制の不存在等によって、「原則として建築・開発の自由」の観念が強固に根を張っていく重要な制度的前提の一つとなった。これは、土地所有者、とりわけ地主層の「建築の自由」への執着が存在していたことによる。

戦時下の農地政策の方向

日本の農業・農村地域は、昭和四（一九二九）年の世界恐慌をきっかけに農業恐慌に見舞われ、小作人のみならず地主の経済も悪化し、昭和六（一九三一）年の満州事変、七（一九三二）年の上海事件、満州国成立、五・一五事件など経済・社会の疲弊と戦時体制の進展につれて国家による経済統制が強化された。

こうした中で、農地立法に関しては、昭和一三（一九三八）年に、小作立法としては極めて微温的内容ではあるもののまずは実を取るとの観点から、農地の賃借権の強化、未墾地の強権的手続き、小作調停の強化、農地委員会の設置を内容とする農地調整法が成立した。農地調整法の成立は、地主勢力の反対により立法化できないという小作立法へのタブーが解かれ、戦争激化につれて農地法令が広い分野にわたって制定されることになった。特に、昭和一三（一九三八）年の国家総動員法の制定によって、戦争遂行のための食糧増産と農村平和の観点から、小作料・農地価格の統制、農地の潰廃防止、権利移動の制限などを行うことが必要となり、また、国家総動員法によって従来ならば法律の制定を必要とする内容のものでも「勅令」によって実施することが可能となったので、重要な農地法制はすべて勅令によって実施されるようになった。戦時農地立法で規定された措置【註1】としては、臨時農地等管理令（昭和一六［一九四一］年）における農地転用を許可制の対象とするなど、戦後の農地改革で行われた施策の主要内容と同じものであった。いずれにしても、戦時下の農地政策は戦後の農地改革に道を開くことになったのである。

戦後の農地改革と農地制度の確立

第一次農地改革

第一次農地改革は、日本政府（農林省）が完全なイニシアティブをとって立案されたもので、地主勢力の反発を極力避ける観点から「自作農創設」という従来からの用語を使い、また、「農地調整法改正案」という手段をとった。その内容は、在村地主には保有限度三町歩（閣議において五町歩に引上げを認め、不在地主所有の小作地すべてと、在村地主の保有限度を超える小作地は小作人に強制譲渡させ、その場合の農地価格は賃貸価格の田は四〇倍、畑は四八倍とし、小作料の金納化、耕作権の強化など小作条件の改善を含むものであった。これは、自作農創設に強権を使うとともに、小作料の金納化を含むものであったことから、政府としては画期的立法と考えていた。

また、同年一二月九日に「農民解放に関するマッカーサー指令（農地改革についての覚書）」が日本政府に発せられ、当該覚書が法案通過に対してGHQが応援したものと理解され、政府案は議会を通過した。

第二次農地改革

GHQは、しかしながら、第一次農地改革は問題であると考えていた。すなわち、在村地主の保有限度が五町歩では大きすぎ三町歩以下であること、次に、地主と小作人との農地売買の話し合いからスタートするという仕組みでは、地主勢力の強い影響力下にある当時の農村では、小作人にとって不利な結果を招く恐れがあるので、政府が地主から直接買収し小作人に土地を譲渡する仕組みにすべきこと、また、土地譲渡に五年間も時間をかけるのではなく即時に行うこと、さらに、小作契約は必ず文書化し、小作料の最高限度額を引き下げるなどの小作条件を改善することを含む農地改革でなければならない旨日本政府に通告した。結局、第一次農地改革はその延期が指示され、幻の改革となった。

そうした中で、在村地主の保有制限は都府県平均一町歩、北海道四町歩とすることをはじめドラスティックな改革案となっていった。最終的には政府による農地の買収、売渡しを中心とした自作農の創設は「自作農創設特別措置法案」に、また、耕作者の地位の安定及び農業生産力の維持増進を図るために、農地の権利の設定、移転の統制、賃借権の解除を許可の対象とすることによる耕作権の確立、最高小作料の制限、小作契約の文書化、市町村農地委員会の位置づけ等からなる「農地調整法改正法案」の両法案にとりまとめられ、昭和二一（一九四六）年一〇月に成立した。

そして、第二次農地改革が実施（政府による買収、売渡は昭和二三［一九四八］年内に完了と規定）されると、小作人は堰を切ったように農地を買い受け、自作農となることを選択した。このことによって地主的土地所有は解体したのである。

農地改革の成果の維持と農地法制定

第二次農地改革は、昭和二四（一九四九）年一〇月二一日にマッカーサー総司令官から吉田茂首相へ「農地改革に関する諸法規は何ものにもまげられぬ力を持たなければならぬ」との書簡があったこと、講和条約締結により占領が終了すればポツダム政令の国内法化が急がれることから、これらを含め農地改革の成果を恒久的に保全するために、昭和二七（一九五二）年に農地法【註2】が制定された。

こうした農地法における自作農は、農地改革によって創出された主体であって、これを温存することを最大の眼目としていることから、経済社会の変化に伴い農業経営の構造が変化していくことを想定しているものではなかった。自作農とは、「農業者が農地を所有し、家族労働力（自家労働）によって農業を行い、収益が農家に帰属する」形態である。そこには、所有と経営が分離する「企業的農業経営」や「法人による農業経営」は想定していなかったのである。

戦後の復興から高度成長時代における土地問題への対応（農地制度と都市計画制度）

新都市計画法制定までの時期（〜昭和四三［一九六八］年）

戦後の復興から高度成長によって、日本経済が大きく変化し、農村部から都市部への人口移動によって、都市的土地需要の増加と地価の高騰等が生じた。旧都市計画法は、昭和二四（一九四九）年のシャープ勧告で、行政事務の国と地方の再配分の一つとして「都市計画は地方に全面的に委譲できる事務」と提示されたものの、その後の朝鮮戦争の勃発によって改正に取り組むこともなく、こうした経済社会のいわば劇的な変化の過程において、昭和四三（一九六八）年の新都市計画法制定まで生き延びることになった。

一方、一筆単位の農地転用規制が農地法で維持されたことは、その統制があたかも農地に対する「開発不自由の原則」を一般的に確立したのと同様の意味を持ったことになった。本来であれば、この農地転用統制＝「開発不自由の原則」と都市の成長・拡大に伴って必要となる各種の土地需要の充足との間で総合的見地から計画的な調整・均衡を図ることがこの時期以降の都市計画の一つの重要な課題となるはずであった。しかし、当時の都市計画行政担当者は「密度の高い市街地化が予想されない地域の土地利用・建築行為は、特段の規制なしに放置してよい」とする発想から、こうしたアプローチはとらなかった。

その後、昭和三四（一九五九）年に農地の利用転換の基準・指針が農地転用許可基準（農林省事務次官通達）として定められた。この基準は、優良農地を保全しつつ、急速に増大する都市サイドの土地需要に対応していくための全国的ガイドラインとして重要な意義をもつものであったが、転用後の土地が必ずしも都市計画的コントロールに服さない点で限界があった。こうして一般的には都市計画による明確な枠づけ（土地利用計画による利用転換強制を含む）も、事後の土地利用に対する整序された利用・建築規制もないままで、膨大な量の農地の利用転換が進められていった。そうした農地転用の許可制度の下で、農地転用が許可基準を満たせば許可相当の場合であっても、農地所有者の同意がなければ転用手続きが始まらないことはいうまでもない。こうした一筆統制という仕組みをとったことから、その地域の従前の売却水準とは隔絶した高い代価を提示して売却の同意を取り付けるという「用地買収」の実務慣行が広く定着することになった。こうして醸成された高い転用地価は、転用売却後の代替地の取得、税制上の大幅な優遇措置等のメカニズムを通じて、全国的に波及していった。

こうした地価上昇とその外延的拡散の問題も含めて、もはや放置できない問題として認識され、「土地利用の合理化」を図るための土地利用計画を確立し、それに基づく土地利用規制を行う制度が必要だとの論が登場する中で、新都市計画法が制定された。

新都市計画法の制定（昭和四三［一九六八］年〜）

新都市計画法とそれに呼応する建築基準法の集団規定（地域、地区制と結びついた建築規制の制度）の改正（両者を合わせて「新法体制」）は、その当時の新全国総合開発計画から日本列島改造論の時代の都市政策の産物たる性格を有していた。しかし、同時に、戦前からの旧法体制の遅れた内容を刷新し、かつ、高度成長下の都市発展を適切に制御し得るような都市計画制度たるべきことを要請されていた。

こうした要請の下に登場した新法体制は、①都市計画区域の広域化と区域区分並びに開発許可制度の創設、②用途地域制の詳細化とその「義務」化並びに容積率規制の全面適用、③都市計画決定権限の地方公共団体への部分的委譲、④都市計画事業は原則市町村が都道府県知事の許可を受けて施行することに変更、⑤極めて限定的ではあるものの、はじめて「住民参加」手続きの制度化等を内容とするものであった。

以上の内容について、農地及び農地制度との関係で検討すると、最も重大な問題としては区域区分（市街化区域と市街化調整区域）の性格があいまいであったことである。このあいまいさのため、例えば市街化区域には、「おおむね一〇年以内に……市街化を図る」ことがおよそ困難なほどの面積の農地（全国で三〇数万ヘクタール）が取り込まれたことである。その背景には資産価値の増加を求める農地所有者の要望や民間開発事業者が事前に買い占めていた農林地の包摂などの事情もあったが、最も基本的な要因は、その制度自体が「特段の財政負担をかけることなく宅地供給を増大させ、地価上昇の抑制を図るための区域指定」として性格づけられていたことにある。その前提には、土地・地価問題を需要供給論でとらえる考え方があり、その具体的方法として、市街化区域内農地を「開発・転用の自由な土地商品」として位置づけ、その商品所有者の自発的意思による土地利用転換を間接的に促進するために宅地並み課税を導入するとの考えであった。西欧諸国の区域指定制度は、「計画的な開発対象地として『市街化区域』を線引きし所要の規制をかける以上、①行政の関与と責任の下で相当の期間内に基盤施設整備事業を実施し、②整備後の良好な都市施設を備えた宅地・住宅を都市住民の具体的な利用に確実に提供していくこと」が当然の内容とされている。それに対して、日本の「市街化区域制度」には、①も②も、また、それらを裏付ける財政面での手当ても、すべて欠落していた。

次に市街化区域の開発許可制度の不備である。市街化区域では、細分詳細化された用途地域が指定され、開発許可制度が適用されるとされていたが、用途地域制度の内容は、形成される住宅市街地の具体像を明確に規律するほどに詳細なものではなかった。また、建築基準法の定める取付道路を確保し所要の単体規制（建築物の物理的な安全・衛生・防火等の面からする建築取締り的規制）をクリアすれば、普通の住宅は、周囲の街並みや基盤施設の整備状況をほとんど顧慮せずとも容易に建築確認ができたのである。さらに、市街化区域内では、千平方メートル未満の開発行為は許可不要とされたことから、小規模な開発・建築行為を助長することになった。

以上の点から、市街化区域内の農地は、区域制度自体が極めて重要な規制緩和措置として機能し、その結果、線引により市街化区域に編入された農地の価格は一挙に上昇し、その上昇した地価が区域全域の地価水準をさらに押し上げていった。そうした潜在的な土地商品としての農地価格の上昇がいわば公認されたものとして、すべての農地所有者のＤＮＡに刷り込まれることになったといえる。土地の現況や現実の利用内容とは無関係に高額な交換価値をもちうる資産＝土地商品であることを法制度上正面から認め、かつ、それを強制しようとしたのである。かくして農地所有者の土地＝資産保有的意識は決定的に強化されたのであった。

そもそも論としていえば、都市集中という状況において、西欧諸国の都市計画制度の発展は「国土の全体を通じる建築不自由の原則」を一般的に確立させていった過程である。このことと対比すると、日本の場合、区域設定と開発規制の導入は「現在のような異常な都市集中の時代」は一過性のものであり、それゆえに必要とされた措置は「過渡的な措置」と位置づけられたことから、「全国土を対象とする建築不自由の原則」を確立しようとする動きにはつながらなかったのである。

戦後の農地制度改正の要因

前項で述べたように、高度成長の過程における都市集中に伴う公共施設用地、住宅用地等の都市的土地需要に対して、都市計画制度と農地制度によって一定の対応を行ってきたとはいうものの、種々の問題が出来してきた。その一方で、貿易収支の黒字基調の定着に伴って農産物市場の開放が求められるようになったが、こうした事態の変化に対して、農地改革の成果を温存することを目的として制定された農地法では十全に対応することができなかった。

まず、農業の効率性を向上させるための一方策として、規模拡大は重要な課題である。農地法は、農地改革によって創出された自作農＝家族農業経営（その延長としての農業生産法人）を温存することを基本としていたので、規模拡大を想定した制度にはなっていなかった。農地制度を改革して対応することとした場合、引き続き、家族農業の規模拡大によって実現するのか、それとも株式会社一般を含めた企業的農業経営による規模拡大を認めていくのかという観点からの議論があった。これに加え、経営対象の農地が一か所に集中することなく分散している農地保有（農地の分散錯圃制）については、集落などをベースに「集団的な利用」が行われ、農地利用のあり方が集落などの「自主的な管理」に基づいている状況にあることを踏まえると、農地の個人間の流動化を基本とするのか、それとも農地の自主的管理の理念とこれに基づく農地の集団的利用を前提とした方式を認めるべきではないのかとの議論があった。

また、高度成長によって土地への開発意欲が高まる中で、農地転用規制の実効性を確保するためには、農地制度における転用規制とバランスのとれた形で、都市法制の側からも転用行為からその後の土地利用についてまで一定の公的コントロールの下に置く必要があるといえる。しかし、都市計画制度自体は、前述のように土地問題は需給論で解決可能との考えに立脚していたことに加え、二〇〇〇年の改正【註3】も、「建築・開発行為自由の原則」を拡張する方向で行われた。このように土地利用に関わる法制度間の規制の整合性、規制のレベルのバランスを欠いている状況下では、これまでの沿革からすると、相対的に規制のレベルの強い農地制度に対して規制緩和論の立場から強い政治的な圧力がかかるのが一般的といえるだろう【註4】。以上を背景に、米の減反実施もあり農地は「余っている」のだから開発に適した農地の転用は認めるべきとの意見がある一方、食料自給率の大幅な低下と国際的な食料需給の不安定化を踏まえると、優良農地は確保すべきとの意見があった。

以上の要因を背景として、戦後の農地制度（農地法、農業振興地域の整備に関する法律、農業経営基盤強化促進法等）の改正【註5】が行われた。

土地所有権の絶対性から土地利用優先の原則への動き

土地所有権の絶対性

土地所有権の絶対性については、憲法第二九条の「財産権の不可侵」と「財産権の内容は公共の福祉に従う」こととのいずれを優先するのかということに関係する。そこで、財産権、特に土地の所有権と公共の福祉による規制に関して、その政府の考え方を確認する必要がある。

土地所有権に関する政府の考え方は、「土地所有権の絶対性」が基本であるとの立場をとっている。この点は、一九八九年の土地基本法の制定過程を振り返ると明らかであろう。すなわち、投機による地価の高騰が起こっていた当時（一九八〇年代後半）、土地の基本政策に関する法制度を立法化すべきとの議論が、研究者のみならず、与野党の政治家の間でなされていた。こうした動きに対して、当時政府は、土地高騰へ対抗する理念として「土地について公共の福祉が優先する」との規定を土地基本法案に入れることさえも、「財産権の不可侵を規定する憲法第二九条第一項に抵触する」ので受け入れられないと抵抗したといわれている。しかし、地価高騰に対する国民の怒りは激しいものがあったことから、政府の提出した土地基本法案は、最終的に国会の場で修正が行われ、「土地については、公共の福祉を優先させる」（土地基本法第二条）こととされた【註6】。こうして土地基本法では、公共の福祉の優先（第二条）の理念を頂点に、適正かつ計画に従った利用（第三条）、投機的取引の抑制（第四条）、土地の価値の増加に伴う利益に応じた適切な負担（第五条）の四点は公共の福祉を実現するための理念として定められた。

しかし、この法律は、『基本法』という性格上、公共の福祉の優先にしても、その下位のコロラリーである適正かつ計画に従った利用にしても、極めて抽象的な法原則にとどまったから、これによって「土地所有権の絶対性」が完全に克服されたとは言い難いであろう。もちろん後述のように、この第二条の規定が一つの力となって、農地・森林の分野において「土地利用優先の原則」への一定の「進化」がみられるのは事実である。しかし、本質的な問題は、政府自体が「土地所有権の絶対性」を前提に規制緩和によって土地の供給を増やせば土地問題はうまくこなせるとの考えに立っている点にあり、その結果何時でも「土地所有権の絶対性」が政府の判断の根拠として立ち現われてくることになるのである。

土地利用優先の原則への動き

農地・森林、あるいは農山村における土地の所有と利用のあり方について、土地所有権の絶対性が土地基本法第二条の「土地についての公共の福祉の優先」の規定の存在も一因となって、農地・森林に係る土地所有権の絶対性の考え方をある意味で相対化させつつあるように感じられる。

例えば、二〇〇九年の農地法改正では、「農地の所有権又は賃借権等の権利を有する者」に対して、「当該農地の農業上の適正かつ効率的な利用を確保するようにしなければならない」という責務を明確化している。それを前提にして、農地リースの場合に限って株式会社一般の農業への参入を認めることにし、これによって耕作者がいないために発生する耕作放棄地の発生防止に役立つことが期待される。また、実際に発生した遊休地に関して一定の手続きを経た上で、都道府県知事が第三者に強制的に利用権を設定できるようにしている。これは、土地所有権者が「耕作放棄」という意思を有していたとしても、こうした土地所有権者の「意思」を尊重することは法律上許容できないことから、第三者に「効率的に利用」する権利を設定するものである。

森林法においても、同様の土地所有権の絶対性の相対化に向けた進化がみられる。一九九一年改正で、森林所有者が市町村の森林整備計画に従って森林の間伐や保育といった施業を実施しない場合、一定の手続きを経た上で、都道府県知事は第三者に間伐又は保育を実施させることができるようにしており、二〇一一年改正では、森林所有者が不分明の時も、第三者に実施させることができるようになった。

土地所有権の絶対性から土地利用優先の原則への転換の必要性

本稿では、農地制度と都市計画制度を中心に土地所有権に関する史的展開過程を分析してきた。明治維新以降、近代的な土地所有権が確立し、第二次大戦までの「農業搾取政策」等による近代化、戦後の復興、高度成長を通じて、昭和四三（一九六八）年には「自由世界第二位」の経済大国に登りつめた。このような経済社会の進展の過程で確立した土地所有権の絶対性は、資本主義社会における効率性の観点から大規模生産・大規模流通・大規模販売こそが優れているという考えに対して親和性があった。すなわち、経済成長が見込まれ、物価も緩やかに上昇している社会で規模拡大を一心不乱に追及することは、国土開発や経済成長にとってプラスに働いた。なぜなら、土地所有権の絶対性と地価の上昇を前提にしているからこそ、土地を担保に資金が円滑に循環し、都市再開発事業をはじめインフラへの投資が行われ、経済の成長が期待できたのである。しかし、そこで実現した都市と農村は、土地利用が整序化されることはなく、その景観は醜いものとなっていった。

日本経済がデフレに突入し、人口減少社会になった段階では、規模拡大はリスクを高める方策であり必ずしも効率的とはいえなくなっている。その上に、土地所有権の絶対性を前提に土地の需要に応じて土地・空間の規制緩和を行えば万事解決可能とのナイーブな土地利用システムでは土地・空間の放置問題が起きている状況に対応できなくなっている。とりわけ、東日本大震災を経験し、原発安全神話も東電福島第一原発事故によって崩壊した現在、政府をはじめ関係者からの情報提供が的確でないと、消費者・国民の政府等への信頼喪失はあっという間に全国に広がるというパニック型の社会になっている。

こうしたリスク社会を前提にすれば、地域分散型の経済システムの方がリスクを分散し、発生する被害を極小化する。仮に被災したとしても、当該地域の復旧にとっては、土地所有権の絶対性に代えて公共性の観点から土地利用を促進していくシステムがあれば、再生・復活に要する時間もコストも少なくて済むであろう。そうした地域分散のメリットに加え、コンピュータの大容量化・高速化・小型化によって確立された総記録技術によって、分散している拠点をネットワークとして結べば、大規模施設以上に効率性を発揮できるようになってきている。

以上の点を踏まえると、人口減少社会でデフレ経済からの脱却が不確かな状況では、地域分散・ネットワーク型システムこそが適合的であり、併せて土地所有権の絶対性から土地利用優先の原則へ転換していくべき時期に至っているといえよう。

おわりに

公共性の観点から土地利用優先の原則への転換を現実化するための道具概念の一つとして、五十嵐敬喜は現代総有論を提唱している【註7】。現代総有論とは、土地利用優先の原則の根拠を、民法上の「組合」のような「構成員全員の同意」を前提とするか、あるいは、実定法上「所有権に効率的な利用に関する法的義務」を負わせることにするかはさらに検討していく必要があるものの、公共性の観点から土地利用優先の原則の確立という前提条件の下で、土地所有権者は「地代を収取する」権利を行使することはできても、持ち分の分割請求等はできなくなること、当該土地の利用については土地所有権者を含む関係権利者からなる団体（現代総有団体）がその利用及び管理のあり方を「一人一票制」等一定のルールの下に決定し、得られた利益を各構成員の持ち分に応じる等一定のルールに従って分配することを基本とする概念である【註8】。

いずれにしても、デフレ経済の進行、人口減少等によって生じている土地・空間の放置問題をはじめ危機的な事態に対処するためには、このような現代総有論の具体的制度のあり方を至急に詰めていく必要があるが、当該制度が効果的に機能するためには、それを包摂する土地利用システムの基本的理念の転換を図る必要がある。その上で、日本の土地利用システムの基本となる都市計画制度・農地制度のあり方について、①すべての土地に対し、「効率的に利用する義務」をかけること、②地域の土地利用のあり方は地域の構成員が決定するシステムとすること、③土地利用優先の原則を確立し、建築・開発行為不自由の原則を前提に、「地区計画」制を基本とする土地利用システムとすること、④農地制度は所有権等の移動は許可制の対象とし、経営構造のコントロールを図ること等につき、緊急に検討することが求められているといえよう。

8　現代総有論を比ゆ的にいえば、地代収取権としての土地所有権を一階として、その上に借地権がのっている二階建ての構造からなっており、権利の行使主体（現代総有団体）は、土地等の有効利用の観点から必要な事業が行えるようにし、また、事業実施に必要な資金の調達、税制上の優遇措置の対象となり得るようにする観点から法人格のある団体が適当と考えられる。なお、このような所有権と借地権の二階建ての関係の事例として、まちづくりの観点からは滋賀県長浜市の黒壁、香川県高松市の丸亀商店街【＊1】、また、むらづくりの観点から長野県宮田村・飯島町の集落による農地管理【＊2】を参照されたい。

＊1　福川裕一「長浜・高松丸亀・石巻から見た現代的総有の試み」『市民と専門家が協働する成熟社会に相応しい建築関連法制度の構築』ユニブック、2013年。

＊2　金子勝「農地はだれのものか　全員参画の地域農業へ　長野県上伊那」（『金子勝の食から立て直す旅』岩波書店、2007年／星勉編著『やわらかいコモンズによる持続型社会の構築』農林統計協会、2013年、第3章／北原克宣「『営農センター方式』による地域農業再編と農協の役割　長野県伊南農協の事例分析」『北海道大学農経論叢』1994年vol.50、PP. 305-19。

註

1　戦時農地立法としては、①小作料統制令（昭和14［1939］年、小作料を額・率・種別［物納・代金納・金納など］・減免条件など）、②臨時農地価格統制令（昭和16［1941］年、昭和14［1939］年の田畑売買事例調査による都市別の売買価格をその土地の賃貸価格で除して得た数値をとり、一筆ごとの農地の賃貸価格にこの数値を乗じて得た額を統制価格としたもの）、③臨時農地等管理令（昭和16［1941］年、農地所有者等による他用途への転用、転用目的での農地の所有権等の取得の場合には都道府県知事の許可を必要とするもので、昭和19［1944］年の改正で耕作目的での農地所有権等の取得の場合も知事の許可の対象とした）。以上のほかに、食糧管理制度の運用上、小作米は在村地主の飯米を除きすべて直接政府へ売り渡すこととされ、政府買入価格とは別に生産奨励金を小作人に直接交付することによって、実質的に小作料負担の引下げ（4割減）を行った。

2　農地法の内容は、農地改革によって創出された「自作農」が再び小作農に転落し、寄生地主制度が復活することを防止することを目的に、①昭和13（1938）年の農地調整法で法制化された農地の賃借人の地位の安定のための基本的な制度（農地賃貸借の対抗力、法定更新及び解約の制限）、②戦時農地立法の一つである昭和14（1939）年の小作料統制令の制定、小作料統制と金納制を定めた昭和20（1945）年改正後の農地調整法によって規定された小作料に関する規制、③戦時農地立法の一つである昭和16（1941）年の臨時農地等管理令に始まり、昭和20（1945）年及び21（1946）年の改正により農地調整法に吸収された農地の権利移動統制及び転用規制、④戦前の自作農創設維持事業から戦後の農地改革に発展した自作農創設政策であって、昭和21（1946）年の自作農創設特別措置法に規定された、不在地主等の所有する小作地の政府による買収売渡、⑤自作農創設特別措置法に規定された政府による未墾地の買収売渡。以上の内容を引き継ぐものであった。

3　2000年の都市計画法の主な改正点は、①都道府県都市計画のマスタープラン＝「整備、開発及び保全方針」の明確化と強化、②区域区分制度の選択制への転換と市街化調整区域内の開発許可制度の緩和、③非線引の白地区域等における土地利用規制、④都市計画区域外での土地利用規制制度の導入等である。この改正の基本的方向は緩和であり、「整備、開発及び保全方針」の主眼が「整備、開発」におかれている点からも明らかである。その一方で、「開発」の許容と表裏一体に結合した土地利用規制制度の個別・分散的な浸出の仕組みを創出しているが、こうした改正の背後にある思想は、日本の都市計画制度が「原則として建築不自由の原則」をかたくなに拒否し、規制緩和＝市場原理主義に親和性のある考え方に根差しているように考えられる【＊1】。

＊1　原田純孝「第17章　都市計画制度の改正と日本都市法のゆくえ」『日本の都市法Ⅱ　諸相と動態』東京大学出版会、2001年。

4　武本俊彦『食と農の「崩壊」からの脱出』農林統計協会、2013年。

5　関谷俊作『日本農地制度　新版』財団法人農政調査会、2003年、および同上書。

6　大原一三『日本の没落：改革の試練』角川書店、2001年。

7　五十嵐敬喜「総有の都市計画と空地」『季刊まちづくり』2013年38号、学芸出版。

郊外都市の世代交代と総有

萩原淳司

はじめに

本稿では、筆者が長年かかわっている都心から三五〜四五キロメートル圏にある埼玉県の郊外都市を念頭に、その世代交代の困難な状況を明らかにし、総有の考え方が有効であることを示したい。

東京圏（東京都、神奈川県、埼玉県、千葉県）では、過去五〇年間、地方や周辺地域からの人口流入が続いてきた【註1】。この時期における日本全体の人口増加に加え、東京圏への人口集中により、埼玉県の人口も二四三万人（一九六〇年）から七二〇万人（二〇一〇年）に増加した（図1）。国勢調査では一九六〇年から一九七五年までの一五年間で、前五年との比較で二五パーセント前後の伸びを三回記録【註2】している。いわゆる団塊の世代が（一九四七〜四九年生まれ）大量に流入したためで、郊外都市の骨格はこの時期につくられたといえる。その後四〇年を経た今、郊外都市は世代交代の時期を迎え、大きな困難に直面している。

郊外都市の現在

まず、郊外都市の現在の特徴である住宅団地、郊外開発、ロードサイド店と賃貸アパート、中心市街地の商業について描写する。

住宅団地

埼玉県の人口動向を見てみると、東京に隣接する県南部から北へと増加が波及してきた歴史がある【註3】。人口増加の受け皿として、一九六〇年代後半から一九七〇年代に大規模な住宅団地が相次いで開

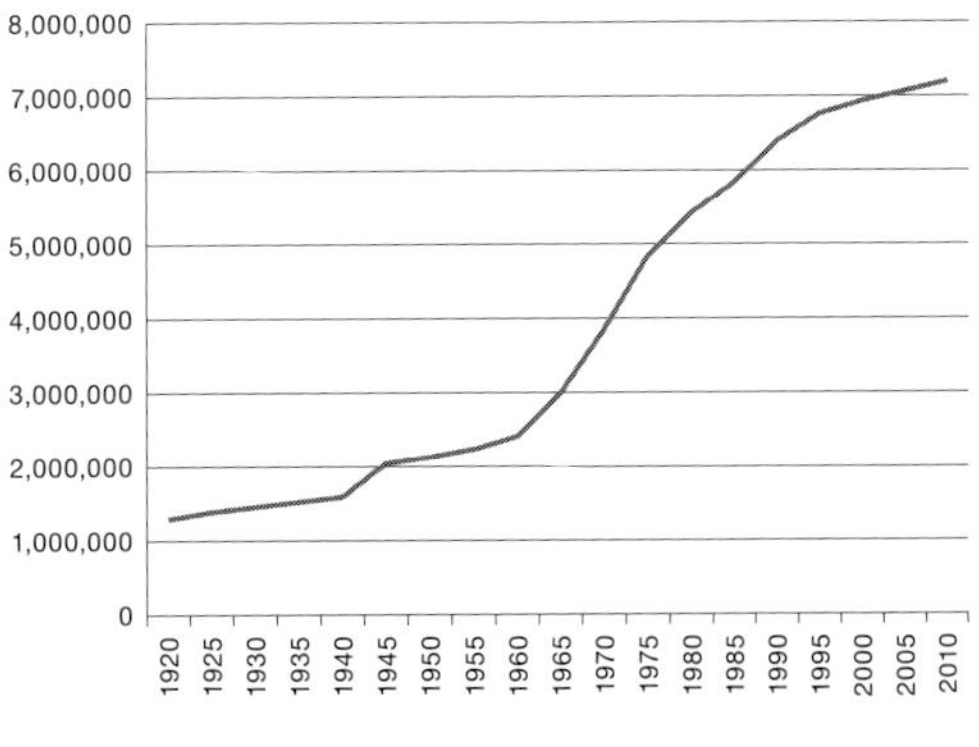

図1　埼玉県の人口推移（人、年）　資料：国勢調査

発された。一九七三年には計画人口三万人の三郷市のみさと団地、二万人の坂戸市の北坂戸団地の入居開始がされるなど、基礎自治体が一つできるほどの大規模な開発が各地で行われた。また、一九七四年に分譲が開始された鳩山ニュータウンをはじめとする民間事業者による戸建住宅団地開発も大小様々な規模でなされた。

住宅団地は、集合住宅と戸建て、賃貸と分譲、駅前と郊外に分けられる。集合住宅は公団（現UR都市機構）による賃貸住宅、戸建分譲住宅では、民間開発【註4】によるものが主となっている。

開発から約四〇年を経た現在、多くの住宅団地で人口減少が進んでいるが、減少の仕方はそれぞれ異なる。駅近辺のUR賃貸住宅団地は定住率が高く、高齢化が進んでも世帯数は減らず、空き住戸が少ない。しかし、子が独立したり、配偶者が亡くなるなどで世帯人員が減る形で、人口減少が進んでいる。ただし、交通の利便性は高いので、住戸や周辺の環境さえ良ければ新しい住民が移り住む可能性はある。一方、利便性に劣る郊外のUR賃貸住宅団地では、都心回帰や郊外の戸建住宅への転居により、世帯数自体が減少している。

戸建分譲団地は概ね郊外に立地し、持家であるため当初の購入者が住み続けているが、駅近辺のUR賃貸住宅団地と同様に、子の独立によって、高齢者の夫婦二人世帯、あるいは単身世帯となり、地域の人口減少へとつながっている。住民の高齢化による利用客の減少にともない、郊外の住宅団地から駅へのバス便も運行数が減少している。戸建住宅は広さがあっても老朽化しており、また郊外で交通の利便性が低いため、新たな入居者がみつからず空き家のままになりやすい。

住宅団地の開設とともに出店した個人商店では、約四〇年を経て経営者が高齢化し、後継者もいない状況が顕著である。住宅団地内の商店街は、住民の高齢化・人口減少による消費の低下に加え、団地外のロードサイドに立地するスーパー等との競合により空き店舗が多く発生するなど衰退が目立つ。

郊外開発

一部の自治体では、住宅団地で人口減少が進むものの、郊外の市街化調整区域で著しい人口増加がみられる。

地方分権改革に伴う二〇〇〇年の都市計画法の改正により、市街化調整区域の既存宅地制度が廃止され、市町村は開発規制の方針、まちづくりの方向性について独自に策定できるようになった。これによって、埼玉県内では、市街化調整区域内の規制緩和を進める自治体があらわれた。

ある市は、二〇〇四年に「都市計画法三四条八号の三」の規定に基づき、市街化調整区域内であっても農村集落内であれば新たな住宅等の新設を認め、最低敷地面積を三〇〇平方メートルとした。「自己の居住の用に供する住宅」以外を認め、事業者による開発が可能となったため、郊外の田畑の中に数十戸単位のまとまった住宅開発が行われるようになった。

この措置は、郊外の人口増加をもたらしたが、ゴミ収集や下水処理などの行政需要を増やし、また、市街化区域の地価の下落を招き、土地区画整理の保留地の売却が困難になるなど、弊害も目立ってきた。

そのため、二〇一〇年には、該当区域（都市計画法改正により「三四条一一号」の対象）での建築を、「自己の居住の用に供する住宅」に限定したため、業者開発はほとんど不可能になった。

現時点において、住宅団地の人口減少を郊外地の人口増加で補う形で、市全体としての人口を維持している状況であり、今後、郊外地の人口増加が見込めなくなれば、人口減少に向かうことが予想される。高齢化する団塊の世代が残り、若者世代が流出するという状況になりつつあり、行政需要が高まるが税収は減るという状況が、近い将来、郊外都市の深刻な問題となる可能性が高い。

ロードサイド店と賃貸アパート

郊外都市の国道、県道などの主要道路沿いは、スーパー、コンビニ、ファミリーレストランのほか、家電、衣料、DVDレンタル、書店、パチンコ店などの中大型店舗、いわゆるロードサイド店にとっての好立地となっている。

このような場所では、リース会社や不動産会社が、「土地活用」の方法として、地主に事業を提案し、地権者に建物を建設させた上で借り上げて、ロードサイド店を運営する事業会社に転貸する形でロードサイド店が立地している。契約期間は、概ね一五〜二〇年程度で、その期間、地権者（税金対策で形式的に不動産会社を設立する場合も多い）が、リース会社、事業会社とともに十分な収益があがる事業スキームが組まれる。ただし、それは契約期間中のみであり、契約期間終了後には土地・建物が地権者に戻される。ロードサイド店も競争が激しいため、契約期間終了後に、店舗の借り手が見つからず廃墟化する例も数多くみられる。

主要道路から離れた商業施設として不利な土地には、自家用車の利用を前提とした賃貸アパートが建てられている。

土地区画整理や都市計画法の規制緩和で、地権者が住宅を建てられる土地を入手した場合、土地の売却以外にも、「土地活用」として賃貸アパートの建設が選択肢としてある。また、地権者が相続税対策で賃貸アパートを建てる場合も多い。賃貸アパート建設は、銀行や農協、土地活用の専門会社によって提案、主導されるため、地権者にアパート経営に必要な知識・技術がなくても可能となる。専門会社主導のケースでは、自社の商品として収益を最大化する間取りで建物を建てるため、周囲の景観との調和などを考慮せず、郊外都市の景観を乱している例も多くみられる。

賃貸アパートは、ロードサイド店と同様に、地権者が建てて専門会社が借り上げる形式で運営される。契約期間中は一括借り上げで専門会社が管理するとしても、契約期間終了後は地権者に戻される。かつて開発で大量に人口が流入した郊外都市には、数十年後に老朽化した個人住宅だけでなく、専門会社も入居募集や管理を請け負わない老朽化した賃貸アパートが大量に生まれることが予想される。

ロードサイド店や賃貸アパートの底地の地権者の多くは農業者である。農業者は、高齢化・後継者不足から営農への意欲を失っており、耕作放棄地が増える一方、「土地活用」のための用途地域の変更や農地転用への希望が多い【註5】。また、農業委員会や行政・議会もそのような農業者の声に応える形で、農地転用や用途指定の変更、産業団地整備などの公共事業を推進してきた。

中心市街地の商業

典型的な郊外都市の中心市街地は、駅に近い旧街道沿いと駅片側に位置するが、駅の反対側の土地区画整理などによる開発や、郊外ロードサイド店や大型店の進出により、その商業は沈滞している。中心市街地の商業者の高齢化と後継者難は、どこの都市でもみられる現象となっている。

また、駅近辺や中心市街地に立地する大型店の閉店・撤退が相次いでいるが、これには駅周辺住民の高齢化・人口減少が影響している。

廃業した商店や大型店の跡地を利用して、駅の周辺にマンションやアパートが新築されている場合もあるが、そこに転居してきた若い住民は、郊外のロードサイド店やショッピングセンターを利用するため、中心市街地の商業はその購買力を吸収できていない。残った大型店も建物の造作が今の時代の商業施設として不十分であり、売り上げの減少や老朽化を契機として現地建替えよりも郊外への転出を選んでいる。

中心市街地や駅前の再開発の企画もされるが、事業資金の元となる床の売却価格や賃料が高く設定できないことから事業の成立の見込みがたたず、実施に踏み切れないのが現状である。

マンションについては、景気に応じて都心から郊外部へ鉄道沿線をたどるように立地が伸縮してきた歴史がある。バブル経済時から一九九〇年代初めごろには都心から八〇キロ圏まで開発が進んだこともあったが、近年は都心から三〇キロ圏内で駅から徒歩圏が立地対象となっている。四〇キロ圏で立地があるとすれば、駅直近で大型店の撤退による土地の放出など特殊な事例のみである。

マンションの建替えは、大規模化して増加する住戸の売却益で建替え費用を捻出する形で計画される。しかし、郊外都市の駅から徒歩圏ぎりぎりに建てられた過去のマンションについては、「増やした住戸の売却」が見込めず、建替えが困難となることが予想される。

郊外都市が直面している世代交代の困難

世代交代ができなければ、その都市の持続可能性は損なわれる。郊外都市は、今、まさに世代交代の時期を迎えているが、その直面している困難について考えたい。

家族からみた世代交代の困難

この地域の郊外都市は、急速に高齢者人口の増加が進むことが予想されている（図2）。高度成長期に大量に流入してきた団塊の世代が高齢化するからである。

団塊世代の子どもは独立し、より都心に近いマンションに住むか、市内に残っても郊外住宅に住む場合が多い。子世代の独立は、高度成長期につくられたDKやLDKを基本とする住宅が、三世代同居を想定した間取りになっていないため当然である。

住宅取得をした団塊の世代が亡くなる前には、長い高齢期【註6】があり、高齢者夫婦のみの二人世帯か単身世帯として過ごす。子の住宅に移るという選択肢もあるが、子の住宅も三世代が住めるほど広くないので、多くの場合、可能な限り元の住宅で過ごさざるを得ない。そして団塊の世代が亡くなった後に子どもは戻らず、その住宅は売却できなければ空き家となり廃墟化することが予想される。住宅が一世代しか使われないで捨てられることになる。

さらに産業の家族的経営の世代交代の問題がある。

農業については、農地の家族所有、家族経営が基本とされてきたが、農業からの収入が十分でない場合、兼業となる。世帯を支えるため、外部によりよい収入機会があれば、そちらへ人を割り当てるのは当然である。後継者不足が言われているが、実情は収入不足である【註7】。

農業経営が前提としている家族は、婚姻・親子関係以外で新たに構成員を迎えることを想定していない。構成員が家業から外れるのを許して、新たに入るのを拒めば、先細りになるのは当然といえる。

商業についても、個人商店、家族経営は、同様な問題を抱える。競争が激化し商業収入が減少してきたときに、新たな投資や人材を投入するよりも、家族が外部に働きに出るか、廃業する方向に向かいやすい。

個人商店には、商店主と同じ世代しか買い物に来ないと言われるが、住宅団地で三〇～四〇年前に開業した当初は、競合する商店も少なく地域の固定客をつかめても、その後の競争の激化により新しい顧

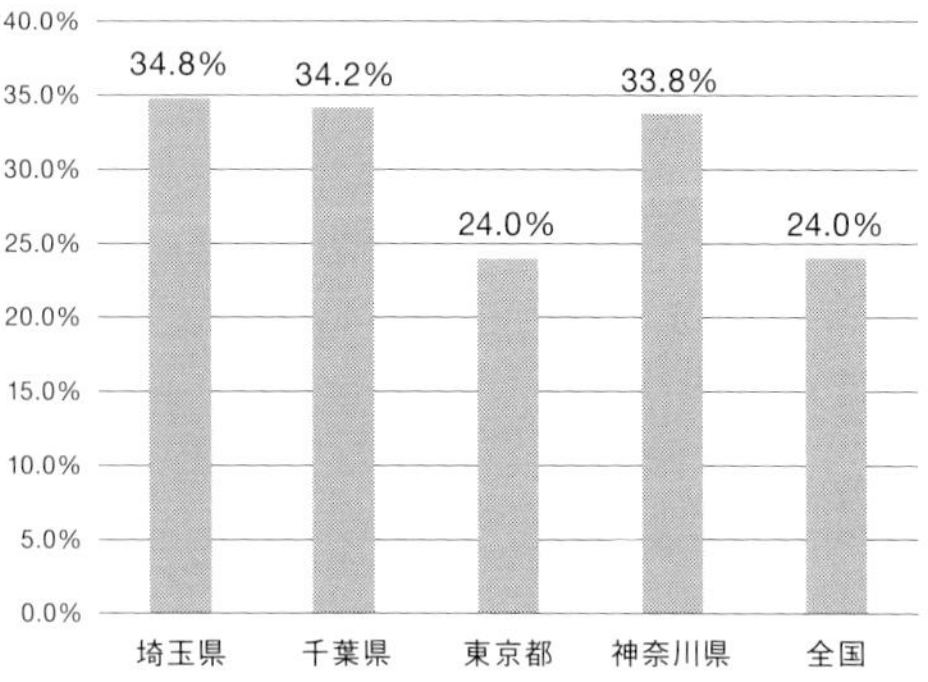

図2　2010-2025年の高齢者人口の増加率
資料：国立社会保障・人口問題研究所
日本の地域別将来推計人口（平成25年3月推計）

客の開拓ができず、地域の高齢化・人口減少にともない顧客が減って廃業する商店が多くみられる。

工業はもちろん、農業も商業も高度化しつつあり、必要となる知識や技術は一世代前とは比較にならない。扱う可能性のある農産品や商品の種類自体が飛躍的に増えている。コンビニは、本部からの店舗まるごとの商品提供や指導があるから、商品管理や販売促進ができるのであって、個人商店ではほぼ不可能である。パン屋や惣菜屋などの製造販売的な商売が家族経営での生き残りに向くが、これも世代を超えて続けていくには困難がある。農業、商業、工業とも新たな人材の導入を可能とする法人経営としなければ、事業としての生き残りは難しい。

家族と住宅、家族と経営の関係の軋みが、都市の世代交代を難しくしているといえる。

社会資本からみた世代交代の困難

持続可能性を考える際に、人の世代交代とともに、住宅や民間建築およびその設備、公共施設、道路、橋、上下水道などの社会資本【註8】の世代交代といえる更新を考える必要がある。

建築や土木構造物には、コンクリートの中性化や鋼材の腐食など物理的な寿命があり、また最新のライフスタイルや環境、防災・防犯性能などの基準に適合しなくなるなどの社会的な寿命もある。それらが尽きれば建替え・更新が避けられない。

現在、郊外都市が直面している建替え、更新の困難は、技術的なものよりも、そのための資金調達と関係者の意欲、合意の形成にある。

「マンションの建替えの円滑化等に関する法律」が二〇〇二年に成立したが、この法律に基づいて建替えられたマンションは実施中のものも含めて、二〇一三年四月一日現在で五七件にとどまる【註9】。二〇一三年に築四〇年以上を迎えるマンション戸数が三一・七万戸、三〇年以上になると一二八・七万戸【註10】にのぼることを考えると、これまでに建替えが実施された件数がいかに少ないかがわかる。これには資金調達と合意形成の困難さが影響しているといえる。

サラリーマンが三〇歳で住宅を取得した場合、ちょうど定年退職の時期に建替えの時期がくる（住宅ローンが定年までの三〇〜三五年で組まれることが多い）。マンションの場合、建替えないとしても、それに見合った大規模な修繕・改修が必要となる。構造体が一〇〇年はもつといわれる超高層マンションも、エレベーターの取り換えなど設備面での大改修は必要である。その際に住宅の所有者に十分な手元資金や資金調達力があるとは限らない。

近年、木造、鉄筋コンクリートを含め、建築自体の質も向上し、維持管理や改修の技術開発にも目覚ましいものがある。用途を変更して建物を活用し続けるコンバージョンも研究が進んでいる。エレベーターや空調、上下水道管などの設備もより小型化し、交換技術も上がるなど、社会資本の長寿命化が実現されつつあるが、これについても追加投資は必要である。

マンションでも戸建住宅でも、個人商店と同様、子が住まない（継がない）のなら最低限の投資しかしないという動機づけが働く。また、マンションや住宅地、中心市街地のように、周囲に空き住戸、空き家、空き店舗が増えて維持管理が行き届かなくなり、管理組合や自治会・自治体の取り組みもなく、個人の力では対処できなくなれば、そこに新たな投資をする意欲は失われる。

賃貸住宅ならば、建替えが進むかといえば、ある駅近辺の築後四〇年以上が経過したＵＲ賃貸団地では、住民の建て替え反対運動が起こっている。反対の理由は、建替えで家賃が上がることと、住民の多くを占める高齢者にとって、建替えに伴う移動が負担となることである。そのまま自分が死ぬまでそこで住めればいいという考えで、分譲マンションでも高齢者ができるだけ大規模修繕や建替えを先延ばしにする傾向があるが、こういう現象は今後、頻発すると予想される。

一九七〇年代の人口急増期に整備された小中学校の校舎などは、近年ようやく耐震補強が終わりつつあるが【註11】、次には建替え時期が迫ってくる。

公共施設や橋、道路などの実態調査を行い、自治体全体の観点からマネジメントに取り組む自治体も増えてきたが、それもごく近年のことである。都道府県と市区のうち公共施設白書を公表した自治体は、二〇一二年九月の六六から二〇一三年九月に一一五に増えたが、依然全体の一三パーセントにとどまる【註12】。

これまで社会資本の維持管理への関心が低く、情報も整理されていない【註13】。そして、現状を調査してわかるのは、更新費用が圧倒的に不足しており【註14】、全面更新は不可能で、施設の長寿命化や集約化で対応する以外にないということである。

既にみた郊外都市のように、人口減少が始まっている住宅団地では、建物とともに道路や道路橋、上下水道の老朽化が進行していると考えられる。かつての住宅団地開発では、民間事業者が、道路、上下水道を整備し、それを市に寄附採納（無償で提供）することで、市としては負担なく開発ができたが、その際に受け取ったインフラの維持負担がこれから重くなってくる。

高齢化と人口減少により税収が減る中、社会資本の維持・更新の困難が深刻化することが予想される。

産業からみた世代交代の困難

日本の産業構造の変化は目まぐるしいものがあるが、東京都心への通勤可能な郊外都市は、企業立地や雇用の確保の面で地方都市に比べて恵まれている。立地企業も、かつての繊維から機械、輸送機械、化学、薬品、次いで食料品、印刷、倉庫・輸送へと業種を変えながら維持されている。

しかし、産業の変遷を都市全体で見た場合、郊外都市における固有の事情が浮き彫りになる。戦前は農業が、戦後は製造業が栄え、そして住宅団地の開発により商業が栄えたが、自家用車の利用が一般化し郊外にロードサイド店やショッピングセンターが立地すると、中心市街地の商店の多くが廃業に追い込まれた。

それでは、衰退した産業の従事者が困窮したかというと、必ずしもそうではない。地域に古くから住む農業者の多くは、人口急増期に農地を転用し、住宅地や産業団地、道路に提供して、地権者としての利益を得た。不動産業を兼業する農業者も多い。

街中で工場を経営していた事業者の中には、住工混在での操業に悩んだ結果、用地を売り払って地方に転出した例も少なくない。その事業跡地の多くは、人口増加の受け皿として住宅地化した。その一方、廃業して不動産経営者となる工業者もまれではない。廃業して土地を処分する場合を考え、住宅地として売却できる準工業地域の用途指定の維持を望む工業者も多い。

また、空洞化する中心市街地でも、住宅としての利便性は高いので駐車場・アパート経営に乗り出し、不動産業を兼業する商業者も多い。

土地さえ持っていれば、増える土地需要を利用して収入を得られる道が開かれていた。言い換えれば、廃業・土地売却（賃貸）の利益と秤をかけながら事業を行っていたわけである。

衰退する商店街の商店主に対し、まちづくり関係者から「住まない、開けない、貸さない」の「三ない」との非難がある。しかし、商業者側からみれば、商店街に「住まない」のは、店舗付住宅が家庭生活に不向きであり（防音や空調の快適性において一般住宅に劣り、店舗や倉庫の分だけ居住スペースが狭くなる）、また郊外戸建住宅に住みたいとの希望を実現しているにすぎない（ただし、商店街の人口は減り、また商店主の家族は商店街で買い物をしなくなる）。店を「開けない」のは、単に商売として成り立たないか、開けなくとも生計に困らないから【註15】であり、「貸さない」のは、いざという時に不動産の処分がしにくくなるからである。実際には「貸さない」わけではなく、貸す先は、まちづくり関係者が好む若者や女性の起業家ではなく、高い家賃を支払う全国的なフランチャイズのコンビニやファミリーレストラン、居酒屋などである。風俗店も高い家賃を支払うので、関東近県で大規模製造業の立地する郊外都市には、街中や再開発を行った駅前の表通りまで風俗街化しているところもある【註16】。集客が見込める場所は個性のないフランチャイズ商店街に、駅からの徒歩圏は住宅街に、そのどちらでもなければシャッター商店街となるのは、利益を求める不動産経営の観点からすれば当然の帰結といえる。

郊外都市において、すべての産業が不動産から得られる利益、土地の処分の誘惑と戦いながら、それに負けてきた。農業、商業、工業などの産業と競って勝ち抜いたのは不動産業（そして、それに関連する建築・土木業）と考えられる。

ただし、その不動産業の繁栄の背景には、人口増加による土地・建物への需要があった。そして、今、その条件は失われつつある。今後、人口減少にともない住宅・土地が余ることは確実であり、産業としての不動産業は、より人口が集まる地域へ移ることが予想される。その際に、その郊外都市の産業はどうなるのだろうか。

郊外都市の今後――「使い潰し」と「使い捨て」のおそれ

郊外都市において、特に高度成長期にできた住宅団地では、団塊の世代の割合が突出する人口構成から、今後、急速に高齢化が進むことが確実である。社会資本の老朽化と相まって、住宅団地の住環境は悪化することが予想される。

現在、郊外都市は、住宅団地が開発されて約四〇年を経過し、まさしく世代交代の時期を迎えているが、これまでみてきたように、家族、社会資本、産業のすべてが困難を抱えている。

既に成長した子どもたちは都市の外に出て行ってしまっている。郊外都市の第一世代である親たちは、子どもが住み継がなければ新たな投資をしないので、住宅とその周辺環境は劣化しつつある。遠方に住む子にとっては、残される親の家や店舗は負担でしかなく、管理が放棄されやすい。このまま、新しい住民が増えず、人口が減りつづける地域には、行政も新たな投資をしにくい。人口が減り地価が下がれば、不動産を中心にまわっていた地域の経済力も下がり、さらなる人口の流出につながる。社会資本の更新もできず、環境の悪化は止まらなくなる。

郊外都市の一九七〇年代に流入した最も早い世代は、既に七〇代を迎えているため、今後一〇年以内に深刻な状況に陥ることは必至で、対策は一刻を争う。

都市が持続可能であるためには、植栽と同じく常に手入れがなされ、枯れれば植え替えをするように、更新が行われねばならない。そのためには、外から継続的に人と資金が入るよう、人を引き付ける価値がなければならない。そのような価値がなくなれば、住民が都市を、次世代への投資をしないまま使える限り使う「使い潰し」や、他所に移って管理を放棄「使い捨て」をするようになる。

郊外都市における「使い潰し」や「使い捨て」を避け、世代交代を成功させるには、使い潰されつつある土地・建物は、その地域に人を定着させながら価値を維持し、捨てられた土地・建物は、地域の価値を毀損する前に、次の世代が入ってくるように撤去・再生する必要がある。

郊外都市における総有の必要性

都市の「使い捨て」、「使い潰し」という言葉は刺激的ではあるが、既に述べたように、家族、住宅、産業構造の変化や人口移動の結果から、各人が最も合理的に選択した行動を表している。そして、人口増加と経済の成長が当たり前であった時代の制度や社会政策が、この「使い捨て」や「使い潰し」を促進する役割を果たしている。

その代表例が個別所有権の絶対性である。人口が増加し、経済成長している時代においては、土地・建物を増加させることが都市全体の価値を増大させることであり、都市を縦と横に広げ、その空間を切り刻んで配分することが、金融や住宅・建設産業を巻き込みながら、さらなる成長につながってきた。しかし、人口が減少に転じた時、その切り刻まれた空間の枠組みが、変化への対応の障害となる。個別所有権の絶対性が周囲への働きかけや周囲からの働きかけを拒み、「使い潰し」や「使い捨て」以外の行動をとることを難しくする。その結果、建て替えも修繕もできないマンションや集合住宅、空き店舗、空き家、空き地、耕作放棄地などを生みだし、個別所有権は、自らの価値を毀損する結果となる。

隣も空き家（空き室・空き店舗）、その隣も同様という状況に陥ることが予想され、それに対し個人として何も手立てがなければ、一日も早くその地域を離れることが最も合理的な選択となる。これが、面として起これば、ゴーストタウン化が一気に進む。

空き家については、ようやく各自治体で対策条例が制定され【註17】、立法化も検討されている【註18】。しかし、空き店舗や分譲マンション、賃貸アパートなどの建築が放置されて周辺環境に悪影響を与えても、行政も他の民間主体も対応が限定される。その対応も個別の建築物にたいして危険を取り除くことに限られ【註19】、周辺を含めての面として価値を維持・向上させる観点はない。

空き家対策でも問題となっているが、更地にすると固定資産税が、建物がある場合の六倍となるなど、税制も土地・建物の有効活用を妨げる大きな要因である。土地・建物の所有権が次々と分割されていく相続法も、利用の意思の統一をはばむ弊害が大きくなってきている。

人口減少と世代交代の時期を迎え、あちらこちらに穴が開いたように、価値を失った土地・建物が生まれている郊外都市において、価値の維持と向上のためにそれをもう一度まとめて運用する必要は明らかである。

切り刻まれた空間を広くまとめ直し、住宅、商店、その他の民間建築、公共施設、インフラの最適な配置をつくるためには、所有権を再編する「総有」の概念が有効となる。

総有の具体的な活用方法としては、総有主体（まちづくり会社などの法人）をつくり、そこに一定地域に存在する個別所有権を集中させ、全体としての土地・建物利用を最適化することになる。提供した個別所有権者の持ち分や利用からの利益の配分などの調整方法や、利用を事業として行うことから、その事業への参加や自治の方法を組み立てる課題がある。また、個別所有権を転換するとしても、個人の生計のみならず、人間関係やコミュニティのあり方と深く関係しているので、総有についての個人の権利は市場価格のみでその評価ができない。さらに、まちづくり会社などの総有主体は、まちの維持管理や更新、産業振興などの事業を広く行なうので、協同組合や、アメリカの住宅管理組合ＨＯＡや【註20】、ランドバンク【註21】、英米のＢＩＤ【註22】などの運営方法からも学ぶところが多いだろう。

個別所有権が総有主体に移転することを促進する税制や、登記制度の創出も必要となる。加えて、総有主体で意思決定をした土地・建物についての利用方法を、都市計画に位置づける手続きを制度化することも不可欠である。

多くの課題があるものの、「使い捨て」や「使い潰し」ではなく、地域を次の世代に残せる無理のない選択肢が普通の人に与えられるように法律や政策、社会システムの構築が強く求められる。総有の思想はその中核をなすものと考える。

が多く見られ、いわゆる『困っていない』状況にあることである」としている。

16　商店主が、子どもが継がず自分の商売をやめる場合に、賃貸不動産オーナーになるか、相続税の安い事業用不動産として相続するためにあえて空き店舗としておくかの天秤をかけるとの指摘がある。久繁哲之介『商店街再生の罠：売りたいモノから、顧客がしたいコトへ』ちくま新書、2013年、PP. 178-79。

17　2013年4月1日時点で全国211以上の地方公共団体 で、空き家等の適正管理に関する条例が制施行されている（都道府県への聞き取り調査結果［2013年4月、国土交通省］）

18 「空き家、自主撤去に税優遇　自民議連が法案骨子」『日本経済新聞』2013 年9月6日。同紙は、法案には市町村に立ち入り調査権を与え、管理上の問題があれば対策を指導・命令する権限が付与されると報じた。

19　建築基準法、消防法、廃棄物処理法による命令･代執行、密集市街地整備法による勧告、マンションの建替えの円滑化等に関する法律の危険又は有害な状況にあるマンションの建替えの勧告の対象となれば、ある程度は対応が可能といえる。

20　House Owners' Association。柴田健「HOAによる住宅地の統治」『家とまちなみ』2012年65号参照。

21　アメリカでは、半公共組織であるランドバンク（Land Bank）が、空地等を買い上げ、ストックし、時期を見て売却、不動産開発、既存建築物撤去・土地活用、隣接区画への分譲を行うことで、空地の利活用等を推進している（「オープンスペースの実態把握と利活用に関する研究」『国土交通政策研究』2012年、第106号、PP. 427。

22　アメリカのBID（Business Improvement District）は、州法の規定に基づき、主に商業・業務地域内において、税金とともに賦課金を徴収し、運営組織がその賦課金を活用して、エリア内のマネジメント活動と行政の範囲を超えるサービスを提供する。英国の事例は、「英国におけるビジネス改善地区（BID）の取組み」『Clair Report』2011年No. 366、自治体国際化協会参照。

註

1　縄田康光「戦後日本の人口移動と経済成長」『経済のプリズム』2008年54号、参議院

2　国勢調査によれば、各期間の人口増加率は、1960 ～ 65年（24.0%）、1965 ～ 70年（28.2%）、1970 ～ 75年（24.7%）。

3　現在、人口減少は県北部から進んでいるが、県南部はマンション開発などにより依然として増加傾向にある。

4　東坂戸団地（坂戸市）のように、UR賃貸集合住宅に分譲集合住宅を含むものや、にっさい花みず木地区（坂戸市）のようにUR都市機構が開発した戸建分譲もある。

5　これまでの産業団地や道路整備などの公共事業により土地を売却した経験がある地域であり、そのような利用を望む声も大きい。

6　「平成24年簡易生命表」（厚生労働省）によれば、65歳の男性の平均余命は18.89年、女性は23.82年。

7　十分な農業収入がある都市近郊野菜農家や園芸農家には、ほぼ後継者がいる。

8　本稿における「社会資本」は、民間、行政の所有を問わず広く人の生活や活動を支える建築・土木構造物、設備を意味する。

9　「マンション建替え事業の実施状況（2013年4月1日現在）」（国土交通省）より。同省調査による建替え実績及び地方公共団体に対する建替えの相談等の件数を集計。

10　「全国のマンションストック戸数」（国土交通省）より、1973年と 1983年に建築されたマンションのストック数。

11　耐震性から見た場合、1981年の建築基準法改正以前のものは「旧耐震」基準であり、脆弱とされる。全国の小中学校の校舎等の耐震化率は2013年4月1日現在で88.9%（文部科学省調査）。

12「ハコモノ、大後悔時代　高度成長期に林立、かさむ維持費　憩いの公民館消える」『朝日新聞』2013年9月22日、NPO法人日本PFI・PPP協会（東京都港区）調べ。

13　国は、2013年11月29日、道路や橋など公共インフラの維持・管理の基本指針となる「インフラ長寿命化基本計画」を決定したが、その中で、インフラの中には、建設年度や構造形式等の施設諸元や、劣化や損傷等の老朽化の進展状況など、維持管理に必要な情報の不明な施設が多く存在していることが指摘されている。『東京新聞』の記事「橋梁9割点検せず　市町村管理　過去五年『永久構造物』認識強く」（2007年12月18日）などが実態を伝えている。

14　例えば、さいたま市では、公共施設を現状の規模で改修・更新する場合、一般財源ベースで今後40年間に年平均 283億円の負担額となり、2011 年度予算と比較して年平均で約 155 億円もの大幅な財源不足が見込まれる、としている。（「さいたま市公共施設マネジメント計画・第1次アクションプラン（素案）」2013年12月）

15　「世代間資産移転の促進に関する検討会報告（2013年3月）」（国土交通省）より。同省では、「各都市で共通しているのは、資産を保有している高齢者の多くが、例えば郊外に住んでいながら中心市街地の土地を保有していること等により、特段保有資産を活用するインセンティブを持っていない状況

都市・まちづくりにおける土地の共同管理の試み

野口和雄

「待ち」と「攻め」のまちづくり

都市・まちづくりの現場は、常に、細分化された土地の所有権との調整の歴史だった。土地が商品として広く流通し、猫の額程度でも土地を所有することがステイタスと感じられるようになった戦後社会では、土地が限りなく細分化されてきた。人々が住宅を買うことに、税や融資で支援する国の住宅供給策も、その背景にあったことは言うまでもない。小規模宅地であれば、固定資産税が安くなるのはその一例である。

都市・まちづくりは、主に、建築などの土地利用を規制するための土地利用規制制度と、区画整理や再開発のように、具体的な開発事業によって行われる。前者の土地利用規制制度は、建物を作りたいという申請があってはじめて効果を発揮するので、「待ち」の制度と言ってもよいだろう。一方、開発事業は、土地利用規制制度とは異なり「攻め」の事業である。地権者を説得して、時には強制して、宅地造成をしたり、再開発ビルを建築するからである。

さて、この「待ち」の土地利用規制制度にしても、「攻め」の開発事業にしても、一つの前提があって初めて効果を発揮する。それは、需要がある、ということである。「待ち」の土地利用規制制度は、建築をしたい、土地を利用したいという地権者の意思と申請行為があって初めて許認可をすることができる。一方、「攻め」の開発事業も同じだ。農地や山林を宅地造成したとして、そこに需要が集まらなければ、開発事業は経済的に成立しない。再開発をして大きな商業施設やマンションを建築したとしても、建築物にテナントが集まり、住宅を購入する者が集まらなければ事業は成り立たない。

したがって、都心や駅前などの便利な場所は、出店や住宅購入の需要があるので土地利用規制も開発事業も成立する。地権者は、土地利用規制に従うし、開発による利益が約束されれば開発事業にも賛同する。

しかし問題は、需要があまりないエリアである。地方都市、都市の郊外の農地、山林等では、この需要の創出に苦労する。簡単に言えば、インフラストラクチャとライフラインの整備だけでなく、そこに街並み・景観の魅力、経済的魅力をどう付加させるかが重要となる。

本稿で紹介する事例は、都市・まちづくりにかかわる専門家には広く知られている。従って、なぜ、改めて取り上げるのか、その理由を説明しておきたい。

紹介する事例は、需要が活発でなかったか、地権者による小規模で個別的な開発では需要が集まらない地域であった。需要を集めるために、先にあげたインフラストラクチャとライフラインの整備に加えて、街並みの魅力とコストの低減が重要な課題であった。

土地の共同管理の新しい役割

少子化、高齢化が進む中、人口が減少し、続いて世帯数が減少する。高齢者夫婦だけの二人世帯、あるいは単身高齢者世帯の増加に伴い、福祉施設やサービス付高齢者住宅等の需要は伸びても、住宅の需要は減退する。商業も、ＩＴ社会ではインターネットを通して購入するので店舗が不要になる。仮想商店街やバーチャルモールと呼ばれる、オンラインショップを集めたサイト上での商業活動は増えるが、現実の物販店への売り上げは減少する。

要するに、全体に土地や住宅など建築需要が減る。その際に、街並み、経済的コストともに魅力的な街には一定の需要が集まる。現に住宅地としてブランド力がある地域には需要が集まるが、そうでない地域は空家が増加しつつある。同様に商店街もブランド力が勝負になってきている。

従来とは異なる土地利用の需要も増える可能性はある。豊かな景色や景観の中で暮らすことの価値が人々から評価されてきている。菜園付住宅（または共同住宅）も市場性が生まれてきている。放置され、放棄された土地や建物を、財産権を保全したまま、安い賃料で使うことができれば放置・放棄の増加に一定の歯止めがかかる可能性がある。既に各地で町屋の活用、市民農園や里山保全運動も取り組まれている。

さて、今後、人口や世帯の減少を想定した時に、土地利用の放置が発生すると見込まれるが、少子化と単身者、特に生涯未婚単身者の増加と土地所有に伴う経済的負荷の増大によって、土地利用の放置・放棄はより一層増加すると考えられる。そこで、放置・放棄対策として、本稿で紹介する事例は参考になる。

本稿で事例を取り上げる理由が、もう一つある。都市・まちづくりを行う際に、細分化された土地や不整形な土地の存在が常に問題となる。このことは、我が国の市街地における街並みの醜悪さの原因にもなっている。

第一に、建物や土地の利用の不調和の問題がある。住宅地に、巨大な看板広告と派手なデザインのパチンコ店が建築される。低層の住宅地や郊外の農地に、高層のマンションが建つ。農地と住宅と店舗が無秩序に立地する街が形成されている。これらは、東京から地方都市まで既に見慣れた光景である。

第二に、敷地規模や敷地形態の不調和の問題だ。多くの場合、住宅地に相応しい宅地割となるように区画整理が行われず建築が進んでしまった。曲がりくねった農道に、建築敷地の前面道路だけ拡幅され建築が進んだ。しかも、土地の形状が極めて不整形である。三角地、奥行きが深い短冊地、旗竿敷地等々あげればきりがない。結果として、不整形な土地にあわせて建物が建つので、建築デザインもバラバラになる。

そこで地区の魅力を高めるために、土地区画整理事業という都市・まちづくり手法を活用して、市街地として必要な条件である、インフラストラクチャとライフラインを整備した上で、土地の共同利用を行っている。

土地の整理

事例を紹介する前に、「区画整理」手法について簡単に説明しておきたい。「区画整理」とは、土地区画整理法に基づいて行われる開発事業である。単に「区画を整理する」という意味で使うこともあるが、都市・まちづくりでは、宅地の整備を目的とした土地区画整理事業のことをいう。

区画整理は、農地や山林等を対象とした大規模な住宅地開発として活用される。そのほかに、木造密集地域の再開発や、火災や震災後の復興事業としても施行される。阪神淡路大震災後の神戸の復興でも活用された。現在、東日本大震災の復興事業でも活用が始まっている。国土交通省によると、我が国の市街地の約三分の一に相当する面積は、区画整理により整備されている（二〇〇五年度実績）。

この区画整理による開発事業には、通常、国、都道府県、市町村から多額の補助金や交付金が支出される。区画整理組合が事業主体となって行う組合施行の場合、民間の開発に対して多額の補助金等が交付される。緑地や農地等が開発されること、地権者の土地が半ば強制的に減らされることから、批判を受けることもある。批判が妥当な側面もあるが、我が国の都市が近代都市として整備されてきたのは、この区画整理のおかげである。さらには、後で詳しく触れるが、今では人々の間で深く浸透し根付いてしまった「土地所有の絶対性への神話」のもとで、我が国の都市が近代都市として整備されてきたのは、この区画整理の賜物であることは否定しようがない事実である。

区画整理の効果は、一つは、沢山の地権者が存在する地区で、数十ヘクタールから数百ヘクタールといった広いエリアでも、道路、公園・緑地といったインフラストラクチャや水道等のライフラインを一挙に整備することができる、ということにある。一人ひとりの地権者が個別に、インフラストラクチャやライフラインを整備しようとすれば、多大なコストと時間、法律や行政、関係機関との調整といった手間を要するが、熟練したデベロッパーなどの民間企業が地権者が組織する区画整理組合の代行者となることから、地権者にとっては、集団化のメリットが働く。

もう一つ、これが本稿のポイントであるが、地権者が一番よいと考える土地利用のあり方がバラバラで、さらに、使い勝手の悪い不整形な土地が混在するといった条件であったとしても、区画整理で解決できるということである。区画整理はまさに「魔法の杖」だ。

我が国では、一人の地権者が単独で、数十ヘクタールから百ヘクタールといった広いエリアの土地を所有していることは、山林を除けばめったにない。筆者が経験した東京近郊の都市開発では、農業地域であるにもかかわらず、数十ヘクタールの土地に五〇〇人を超える地権者がいた。駅前の再開発対象地では、数ヘクタールで、同じように約五〇〇人の地権者がいた。この数には、抵当権等を設定している者や借家人は含まないので、関係権利者をすべて含めると膨大な数になる。その上、家族構成も家族内の人間関係も、商売の業態や売り上げもまったく異なる地権者をまとめなければ、都市・まちづくりはできない。

そうした意向や意見の違いを調整する上で、この区画整理という「魔法の杖」が生きてくる。区画整理では、それぞれの土地の位置、形状を変えることができる。道路や大きな公園をつくるために、また、地権者の土地を、道路にきちんと接するようにするためには、どうしても、土地の位置や形状を変える必要があるからだ。これを実現する手法が「換地《かんち》」である。さらに、「減歩《げんぶ》」という手法によって地権者の土地面積の一定割合を合法的に減らすことができる。減らした土地は、道路や公園等の用地と、「保留地」と呼ばれる、造成工事等の事業費に充てるために売却される土地になる。この仕組みを活用すれば、次のようなことができる。

ある地権者が、商業ビルを建てて自分で店を出したいと考えていると仮定する。店舗は立地と商業集積が勝負だ。したがって、人が集まる場所に、他にも店舗を出したい人、あるいはビル経営をしたい人の土地を集めればよい。また、個人が小さな面積でアパート経営をするなら、より大きな土地を持つ人、経営能力のあるビル経営者にはかなわない。しかし、アパート経営をしたい人の土地を集めて、経営ノウハウを持つ専門家に委託すれば対抗できる。一方、宅地化を望まない、農地の耕作を継続したい地権者もいる。そこで、農地利用を継続したい人を募り、圃場整備を行うこともできる。宅地造成の中で、特定の街区を設定し、農業用の水路も整備し、畑であれば、農業用の井戸を掘っておく。農地に適した街区の大きさにすることも可能である。土地区画整理事業という制度には実際には様々な制度手法がある。したがって、もし、共同で土地建物経営をした方がよいということになれば、共同化を望む地権者の土地を一か所に集めることもできる。

以下に具体的な事例を紹介しよう。日越地区の事例と「農住団地」の事例である。新潟県長岡市日越地区では、地権者が土地運用会社を設立して企業の誘致を行っている。「農住団地」とは、農家が共同で賃貸の共同住宅を建設し、住宅経営を行うもので、事例は多い。

土地の共同経営

日越地区は、区画整理により約六四ヘクタールの農地を開発するだけではなく、事業にあたっては、高速道路のインターチェンジが近いことを活かし、工業系の土地利用を、地権者の共同による取り組みで成功させている【註1】。

区画整理によるインフラ、ライフラインの整備にとどまらず、先に説明したように、地権者の土地をまちづくりのビジョンを実現するために、「集約換地」という操作を行った。インフラ、例えば、道路は、住宅地と工業地帯とでは道路の幅員やパタンが異なるのは当然のことであるが、土地利用に応じた整備を行っている。また、土地利用計画を実現するために、地権者に、一戸建て住宅地への換地を望むか集合住宅地、商業地、工業地、あるいは農地への換地を望むか、意向を把握した上で、「換地」を与えるという操作を行った。ここまでであれば、珍しい事例ではないが、日越地区の真骨頂は、土地の一元的管理を行っている点にある。

区画整理は、地権者により設立された区画整理組合が施行する。区画整理組合は土地造成を行うことを目的とした公共法人であり、土地区画整理法に基づいて土地造成と整理を行う法人であり、土地経営を目的とした法人ではない。そこで、日越地区では、区画整理組合とは別に日越土地管理センターという地権者会社を設立した。区画整理に参加した地権者が出資した会社だ。この会社は、地権者からいったん土地を借地する。借地期間は三五年である。借地することによって、会社が一括して企業を誘致し、管理することができるようになる。ここで重要な点は、誘致する企業の選定、企業に土地を転貸するた

事業概要

事業名	長岡都市計画事業日越土地区画整理事業
施行者	日越土地区画整理組合
地区面積	64.7
認可日	1988年9月30日
施行年度	1988年度～1996年度
減歩率	39.3%
総事業費	5,936,671,000円

土地管理システム

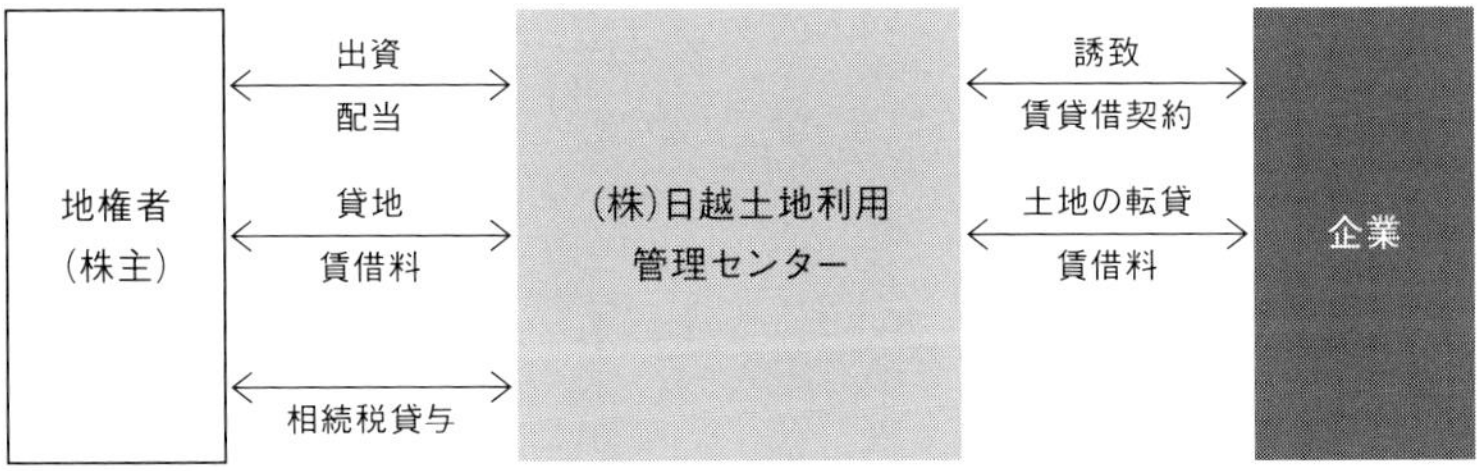

めの条件設定、そして、地代等の収入の地権者への分配について、会社が一括してマネージメントしている、ということにある。そして、地権者が出資して法人を設立しているので、会社の意思は地権者の総意であるということになる。では、さらに具体的に見てみよう。

日越地区

新潟県長岡市日越地区は、駅前の中心市街地から約五キロメートル離れた田園地域にある。区画整理が行われる前は、水田地域であった。関越自動車道の長岡インターチェンジに接しており、近くに流通業務団体がある。まちづくりの話が持ち上がったのは、一九七四（昭和四九）年頃のようだ。稲作が主体の農業集落では、多くの場合、村落共同体が深く根付いているが、この一帯で大きな開発プロジェクトが行われる場合には、個人個人がバラバラに土地の売却等を行うことはなく、集落で取り組むという意識が伝統的に強かったようだ。この意識は、会社を設立し土地のリースを共同で行うという集団的対応のみならず、区画整理に伴い水田耕作も共同化する必要があるとの認識から、日越生産組合を結成し、農業も共同化している。

区画整理組合と土地の共同化を行う株式会社土地利用管理センターの設立は、ほぼ同時期に実施された。区画整理組合準備総会は一九八八（昭和六三）年七月に行われ、土地利用管理センターの設立総会は同年八月に行われた。区画整理の組合事務所は建物の一階にあり、その二階には、土地利用管理センターの事務所があるという具合に、まさにまちづくりが一体的に行われている。筆者が面談した同センターの理事長は、確かな信念、自ら企業の誘致に動くリーダー力、そして、会社が得た利益は公平に地元に還元をする、そして、その仕組みをしっかりと考えるという極めて現代的リーダーという印象であった。

区画整理のエリアは、約六五ヘクタールで、総事業費は約七〇億円。当時、区画整理の事業費は、一平方メートル当たり一万円から高くて二万円と言われているので、普通の事業である。総事業費のうち、国、県、市からの補助金等で約四五パーセント、残りは地権者が「減歩」により供出した保留地の売却費でまかなっている。補助金には、本来は国や地方自治体が事業として行うべき公共施設の整備が入っているし、地域差があるので、一概に、高い低いを評価することはできない。

日越地区の区画整理で重要なことは、土地を売却したい地権者の土地は住宅地に集め、土地をリースしたいと望む地権者の土地は業務地に配置（「換地」）したということだ。これにより、土地利用管理センターによる土地の一元的管理の条件が整う。

農家による土地管理会社設立

土地利用管理センター（以下、「センター」）は、先に紹介したように、地権者がセンターに賃借する面積に応じて出資し設立された。設立当時の、資本金は二千万円であった。企業を誘致する準工業地域の宅地面積は、約二二ヘクタールであるのに対して、センターは、計一五ヘクタールの土地を管理している。このうち、センターが、農家地権者の売却希望により取得した土地もある。センターは、企業に三〇年契約で賃貸している。

ところで、センターが管理する土地のすべてに、企業が進出しているわけではない。先述の理事長によれば、これは「需要がないということではなく、誘致する企業の選択をしている」のだという。当初は、立地する企業は疎らであったが、センター設立後、一九九六年の時点では、センターが管理する土地のうち九八パーセントが既に貸し付けられている。

企業が立地した土地と、立地していない土地について、地権者に配分する地代の扱いはどうしているのだろうか。原則は、地権者に対して、土地面積に応じて均一に地代を支払うことにしているが、実際はやや差をつけて配分しているようだ。利益は会社を通して公平に配分するというシステムがあるからこそ、立地する企業の選別ができるということだ。地権者側からみると、自分の所有地に企業が立地しているかどうかにかかわらず定額の収入が確保でき、さらに立地企業が増えるにしたがって配分される金額も増えることになる。

センターを立ち上げる時に、組織のあり方について以下のように確認をしたという。現物出資はしない。センターの経費は可能なかぎり少なくし、地権者に配分する。センター自身で土地取得ができるようにする。そして、途中での任意脱退を防ぐなどである。区画整理前の水田経営では、「反（約九九〇平方メートル）あたり一〇俵収穫し約二〇万円の売り上げ」（理事長）が、事業後はその約一〇倍の収入になっているという。

日越地区の特徴は、地権者会社が地権者の土地を一括して借り上げ、地域の管理運営を行うことにより、土地利用についての一元的マネージメントをしている点だ。このようなシステムが可能となった背景には、水田耕作により形成された村落共同体意識が根付いていることがあげられる。また、都市地域拡大の潮流の中で、農業収入に代わる土地活用による収入が確保されるであろうという現実的目標が地権者会社によって示されたことがあげられる。実際に、そのことを説明した資料が地権者に配布され、説明されている。村落共同体意識が存在している間にこのシステムが構築されたので、都市化を迎え撃つことができたということだろう。しかし、他の都市近郊地域では、大規模な水田地域はほとんど消滅するか、あるいは転作と休耕、農地の転用・転売等により、村落共同体は半ば崩壊している。また、個別・分散的な宅地開発が起きやすい畑作地域では、集団的な土地利用や農業経営は難しい。

従来型の地縁コミュニティが崩壊しつつある現在、日越地区のシステムをどのように活用するかが問われていることは言うまでもない。

農家による共同のアパート経営

農住団地

農家地権者は、地縁、血縁を背景に、伝統的地域コミュニティを形成してきた。戦後の農地解放により創出された零細な自作農が、地価高騰に伴い、土地所有への執着（農業に対する執着よりも強い）を強め、都市化によるコミュニティの崩壊、農業収入と農外収入の差の拡大等もあり、次第に伝統的地域コミュニティへの帰属意識が薄れてきている。

次に紹介する「農住団地」の試みが成功した要因としては、日越地区と同様に、地縁、血縁を背景にした伝統的コミュニティの存在によるものと考えられる。

一般に「農住団地」と呼ばれるものは、農家地権者が農業経営とアパート経営を組み合わせることにより、安定した収入を確保し、土地という先祖からの財産の保全を図るために試みたものである。都市近郊において、主に、ＪＡ（農協）の主導で展開された。

「農住団地」の特徴は、駅前や中心市街地等で行われている市街地再開発とは異なり、土地の所有権は地権者の財産として保全した上で、共同でアパートを建設し、経営するものだ。

通常、市街地再開発事業の多くは、市街地再開発法に基づき実施され、土地（底地）は参加する地権者の共有となる。しかし、土地は個人の財産であり、自分で個別的な利用や処分ができるように保有しておきたい、という意思が働く。土地の共同利用が進まない原因である。

これに対して「農住団地」の場合は、参加する農家地権者による法人が、農家地権者の土地を借地する方式が一般的である。農家地権者にとっては、自分の土地が明確にわかる。「農住団地」の経営を止めた時には、自分の土地が返ってくるという「安心感」が、全国的に広がった一つの要因である。

それだけではない。住宅の大量供給という中央政府の政策を実現するための様々な制度が応援をした。例えば、賃貸住宅を建てると「貸家建て付け地」となり、固定資産税、相続税の評価が下がる。「農住団地」を建設するために借入金を起こすと、相続税の対象となる資産評価額が下がる（差し引かれる）。

一方、収入は、地代、地権者会社からの配当、役員報酬などに分散されて農家地権者に入る。

「農住団地」は、政策的にも政府の支援を受けた。「農住団地」は、一九六三年に行われた千葉県木更津市清見台地区の区画整理により始まった。その後、一九六八年に「農住都市建設構想」（発案者の名をとって「一楽構想」とも呼ばれる。）、「協同組合による農住都市建設」として定式化された。一方、政府および政権党による住宅供給策や「農民など土地所有者による新住宅団地建設構想（自民党）」もあり、一九七〇年頃から調査研究や制度づくりが相次ぐ。制度としては、住宅金融公庫融資の適用、農住利子補給制度、特定賃貸住宅建設融資利子補給制度、農住団地建設基本計画策定費助成制度などがあげられる。これらの制度化が背景となり、「農住団地」建設の試みが広がった。神戸西農協の管轄地域、静岡市高松地区、奈良県立野地区などがあげられる【註2】。

この「農住団地」の建設と経営で欠かせないことは、ＪＡ（農協）の存在である。各地でＪＡは、関連会社を通してアパートの建設から管理運営までの業務を行っている。農家の営農指導、共済事業以上に、ＪＡの業務にとって大きな柱になっている。それは、農家の資産を把握し、その管理運営を通して、融資、収益管理、共済の業務がすべて関連してくるからであり、アパート入居者の家賃徴収を通して都市住民にネットワークを広げていくことができるからでもある。

農家地権者が、自らアパートを建設し経営するということは難しい。その時に、ＪＡが農家の資産管理者として、銀行として、そして不動産事業者、ビルダーとして登場する。

第一に、普段から農家地権者の財産管理を行っているＪＡが、農家のどの土地の何坪をアパート経営に回すかをアドバイスする。第二に、農家地権者の考え方を理解しているＪＡが、行政や民間デベロッパーと連携して区画整理を仕掛ける。その際に、農家の土地活用意向や家族設計を把握しているＪＡであれば、区画整理の中で「農住団地」用地をどの程度確保できるか、把握することができる。第三に、アパート経営を行うことの効果を明らかにし、それに基づいた融資等の建設資金の調達、アパートの管理と運営、そして、区画整理の施行者である区画整理組合への融資と資金管理を行う。

農住団地のタイプ

「農住団地」の所有形態にはいくつかのタイプがある。一つは、「協調型」である。権利関係としては単純だ。管理は、共同で行う。所有形態は個別だが、団地の形態としては共同である。入居条件は同じなので、入居者にとっては、自分のアパートは誰が所有しているかなどは問題ない。このタイプは、何時でも「農住団地」から離脱することができるので、筆者は共同とは呼ばず、協調型と呼ぶことにしている。

次に借地タイプである。この方式を「共同型」と呼んでいる。農家地権者は、それぞれ自分の所有地を持つが、地権者会社がそれぞれの土地を借地し、そこに地権者会社がアパートを建設し、経営をする。農家地権者は、土地の地代収入を得るが、他には地権者会社から配当などを受け取る。農家地権者にとって、土地（底地）はしっかりと個別に持っているので、安心感がある。しかし、それは地権者が個人の意向で「農住団地」経営から離脱できる、ということでもある。

そこで、土地（底地）を、間口が狭く、奥行きが長い短冊型の土地とする方式がある。土地は共有ではなく、それぞれの所有が明確ではあるが、自分の土地だけでは土地は使い物にならないので、事実上、土地利用は不自由となる。

そこまで土地の利用を不自由にするのであれば、「共有にしてしまったらどうか」という疑問が湧く。共有を避ける理由は、単に、農家地権者の意識だけの問題ではない。それは、共有では、土地の担保価値がないからである。共有であるので、法律上は、土地の分割請求は可能で、共有状態からいつでも離脱できるが、しかし、簡単ではない。個人に融資する銀行にとって、共有物件は担保価値が低く見なさ

「農住団地」のタイプ

1) 区分タイプ

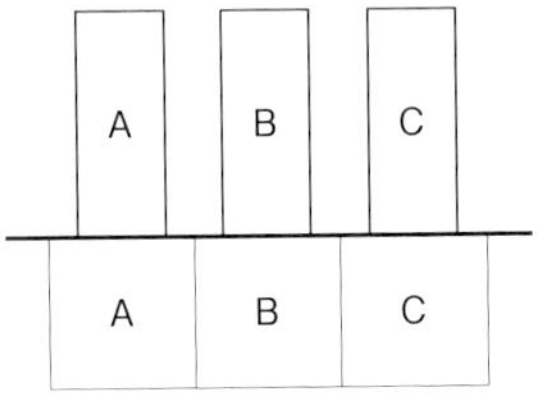

2) 借地タイプ

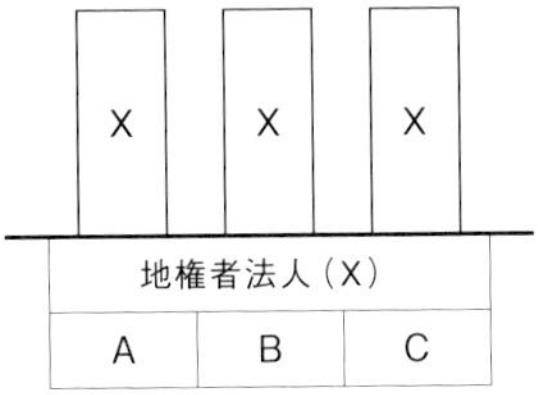

3) スリット換地で借地タイプ

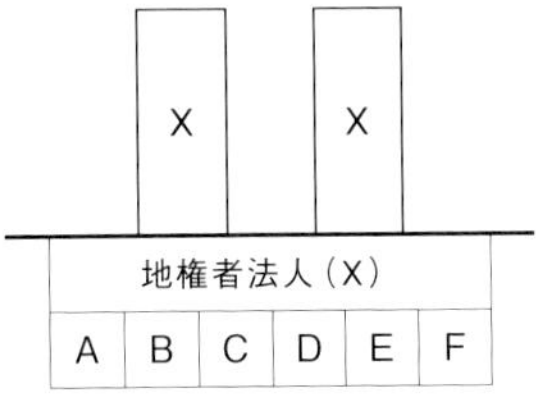

土地（画地）の形状

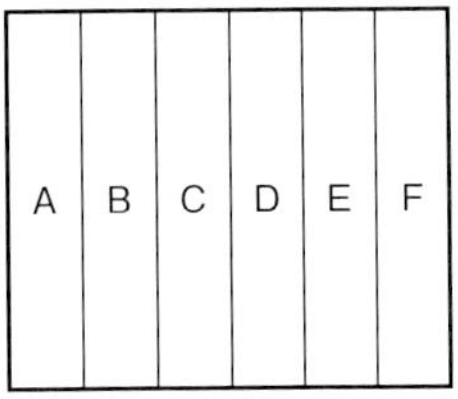

れる。実は同じようなことが市街地再開発ビルでも起きる。

再開発

区画整理は主に都市近郊で行われるのに対して、駅前や中心市街地では区画整理ではなく、市街地再開発によって都市・まちづくりが行われる。区画整理が、宅地として造成を行い、地権者の土地を移動する平面的な都市・まちづくりであるのに対して、市街地再開発は、これを立体的に行おうとするものだ。立体的というのは、土地という資産を、建物の床に代えるという複雑な手法である。この市街地再開発でも、先に紹介した「借地方式」、「農住団地」と同じような手法が使われている。土地の所有はそのままで、地権者の土地を借地した上で、市街地再開発ビルを建築するという方法である。事例としては決して多くはないが、本書第一章で紹介された高松市丸亀町の市街地再開発で注目をされた方法だ。しかし、市街地開発事業の場合、事業の本質的手法的特徴からいくつかの問題が生まれる。「農住団地」のような一元的管理が難しいこともその一つだ。市街地再開発に伴う問題である。

市街地再開発を事業化するためには、「権利床」と言う再開発組合の組合員＝地権者が入居する床があるが、これとは別に市街地再開発の事業費を捻出するために「保留床」を設ける必要がある。この「保留床」を売却することにより、事業費を確保するのである。そうすると、権利床は、共同事業で行うという趣旨から地権者の同意により共有床とすることはできるが、しかし、売却する「保留床」は、権利床とは別の床として「区分所有」とせざるを得ない。ましてや、「保留床」を分譲マンションとする場合は、一戸ごとの「区分所有」とならざるを得ない。ここで、共同という考え方は崩れることになる。

市街地再開発事業で建設する建物を商業施設とする場合、建物（ビルの床）の所有は、区分所有より共有床とする方が好ましい、と言われる。簡単に言えば、分譲マンションのように、店が壁で仕切られているよりも、ショッピングセンターや百貨店のように、一つのフロアにいくつもの店舗が配置されている方が魅力的な店舗配置ができるということだ。統一的な内装、商品構成、接客が可能になる。さらに、定期的な店舗の改装もできる。買い物客の消費行動を見ながら、店舗の配置、出店、大きさなどを変えられる。要するに、一元的な管理ができるからだ。

一棟のビルの中に魚屋とペットショップが隣接していたら、買い物客はどう思うだろうか。それに対して、共有のビルであれば、商業施設を管理し運営するデベロッパーと呼ばれる専門企業が、魅力的な店舗構成になるように誘導する。例えば、本屋の中に文具店だけでなく、カフェがある形態だ。女性ファッション街の一角に、洒落たカフェがあるという店舗構成は当たり前になってきている。

共有床方式による一元的管理が必要であるということは理解できたとしても、それでも、市街地再開発事業に参加する地権者の多くは、共有床よりも区分所有床を希望することが多い。

市街地で行う再開発事業では、商業者には多額の借入金があり、従前の土地に抵当権が設定されている場合が多い。この土地を、再開発のビルに置き換える（権利変換）時に、共同床としてしまうと、前述のとおり銀行は、「担保価値が下がってしまう」という。権利変換というのは、再開発ビルを建てる前の土地の財産的価値を評価して、土地に代えて再開発ビルの床と床に見合う土地の共有持ち分を地権者に渡す仕組みである。この市街地再開発の事業上は、事業前の土地の価格と再開発後のビルの床の価格が同じという理屈だが、しかし、銀行にとっては、共有では、床の処分性が弱いので「等価交換」とはならない、ということだ。なお、商品構成、商品の陳列、接客対応、そして売上まで一元的に管理される共有床では、従来の商売は続けられないという商業者もいる。

このように市街地再開発では、区画整理や「農住団地」とは異なる厄介な問題があり、「現代総有型」再開発は実現しづらい。

おわりに

冒頭、「都市・まちづくりの現場は、常に、細分化された土地の所有権との調整の歴史だった」と述べた。それを解決し、共同化を実現するため、これまで述べてきた試みが行われてきた。

これらの試みは、需要がある地域、あるいは時代の都市・まちづくり事例である。したがって、土地利用の共同化は、地権者にとっては経済的メリットがあった。しかし、人口減少時代は、すなわち土地需要が減退する時代であり、あるいは地域では、土地利用、建物利用が放置される時代である。財政破たんしたデトロイトの風景が、我が国の都市で広がっていくという時代である（デトロイトでは、廃墟になったビルの活用が進められていると聞く【註3】）。

人口減少時代において、土地建物の共同事業を促進するさいに障害となるのが絶対的土地所有権である。放置、又は放棄される危険がある土地と建物を、第三者によって管理する必要が生まれているが、土地・建物には必ず所有者がいるので財産権が障害になる、ということだ。その時に、土地・建物には利用義務があるということを前提として、土地所有権（底地権）には手を付けず、利用を共同化する、あるいは利用を第三者に委ねるという制度づくりが求められよう。

註

1 『日越土地区画整理組合完工記念誌』日越土地区画整理組合、1995年。

2 石田頼房、波多野憲男、野口和雄ほか『郊外地土地区画整理の計画的土地利用転換手法に関する研究』住宅総合研究財団、1993年。

3 矢作弘「デトロイト破綻の教訓」『日経新聞』3013年8月7日。

田園都市と現代における総有の都市空間

渡辺勝道

はじめに

都市における総有には必ずその主体となるコミュニティが存在する。そしてコミュニティの活動の中で大きな仕事の一つが、共有される空間と環境の維持管理であり、そこには共有される空間としての都市美、景観美も包含される。

以下に論じる総有の都市はいずれもすぐれた都市景観を長きに渡って保持し続けている。また、世代を超えて総有の主体となるコミュニティを維持しており、そこには市民の活気にあふれた生活が脈々と続いている。「サステイナブル」という語が多様な分野で使われるようになってきたが、都市におけるサステイナブルと空間構成を考えていくうえでも「総有」という概念が重要なファクターになることは間違いないといえる。

日本では土地はほぼ自由に売買され、不整形に分割や統合される。都市は私有財産の集合であって、そこには建築自由のもとに規模も用途も違った建物が建築される。そして、道路・公園などのインフラは自治体によって管理されている。土地、道路、建築が一体となって機能することが都市としての理想的な形だとすれば、日本の都市の現状は混沌としている。

二〇〇〇年一一月にはOECDによって、日本は不十分な規制や都市景観の乱雑さ、狭小な土地区画など様々な都市問題を抱えていると指摘され、八項目からなる「対日都市政策勧告」【註1】によって早急な対応をもとめられるまでに至っている。そのなかには「個人の権利と公共の利益の調和」が項目の一つとして挙げられ、法における私権の過剰な保護が都市の改善の遅延を招いていると指摘されている。もはや絶対的所有権と建築自由の原則は、日本に特有な都市問題として世界的にも憂慮されているのである。

現在においても、法による規制と緩和の繰り返しによってこれらの都市問題は複雑化し、解決の糸口さえ見出すことができない。

本論ではこのような都市問題を解決する一助となりえる、総有の思想を取り入れて成立したイギリスの「田園都市」を中心に都市における総有の成り立ちとその空間構成を考察することによって、総有による都市の再構築によってもたらされる空間と、総有から生み出される新しい空間の構成を考えてみたい。

「田園都市」の成立――オウエンからハワードへ

近現代における総有形体の都市として、その思想と運営、計画においてエベネザー・ハワード【註2】による「レッチワース田園都市」が筆頭にあげられる。しかし、小規模ではあるが、レッチワース以前にも総有の思想を持った都市は存在していた。一九世紀初頭に産業革命によって誕生した企業家のうち、慈善企業家と呼ばれる者たちによって生まれた生産施設を主体とした「総有都市」である。

それらのなかで最も有名なものが、ロバート・オウエン【註3】によって、スコットランドの美しい渓谷に紡績工場を中心に作られた理想都市、「ニューラナーク」である。

一七八六年、スコットランド人の起業家デヴィッド・デイル【註4】によって、クライド川の水力を利用した紡績工場と住宅が建設され、後に娘婿のオウエンによって協同体社会を形成することとなるこの小さな都市には、最大で二五〇〇人の労働者が生活し、彼らが働く紡績工場などの生産施設のほかに、住居、学校、商店（組合員の出資、利益の分配など生協の原点となった）、食堂、図書館などの施設が

現在のニューラナーク（筆者撮影）

建設された。建物はすべて地場産の砂岩を使ったジョージアン様式で、渓谷に沿った狭い敷地を上手く利用して整然と建てられている。その様子は渓谷の岩肌と木々の緑、白い波頭を立てて流れる急流にみごとに調和して、すばらしい景観をつくり出している。

このような優れた環境のもとで、オウエンは相互扶助による組合組織の基となる協同体都市をつくりあげた。当時のイギリスの労働者をとりまく環境からすれば、理想的といえるものであったが、その恵まれた自然環境に比して、労働者の生活は過酷であった。ニューラナークでは他所よりも労働条件が改善されたとはいえ、彼らは一日一〇時間、週六日働き、住居が保障されてはいたが、典型的なシングルエンド【註5】で、三〇平方メートルほどの部屋に一八人から二〇人が同居するといった状況であった。それでも清潔な寝具と食事は約束されていたので、多くの労働者は、自分たちの境遇に満足していたという。

「オウエン的社会主義」は、一七世紀末のクエーカー教徒で社会改良家ジョン・ベラーズ【註6】の『産業学校設立提案』(一六九五年)に影響を受けたオウエンがニューラナークで実践し、成功したことによって世間に広く知れわたったのである。

ベラーズの「産業学校」は、産業の担い手を教育する施設として考案され、一六世紀のトマス・モア以来のユートピア思想を継承したものであった。

モアのユートピアにおいては、全員労働の原則によって、失業者が、あるいは女性たちも、その構成員として労働に参加すれば、全員に公平な生活が保障され、それによって生産力が大幅に向上し、無償で潤沢な物資の交換が可能となるとしていた。また、人びとは、農村と都市とで交互に生活し、教養を重んじ、精神的な快楽の追求が最高の幸福とされた。このようなモアの思想は、オウエニズムの先駆だと位置づけられる。一八二四年にオウエンは、アメリカ大陸にさらなる理想都市ニューハーモニーを建設すべくイギリスを去るが、奇しくもこの年にロンドン協同組合が創設されている。

オウエンは、しばしばアメリカとロンドンを行き来し、ロンドン協同組合と壮大な計画を企てる。それは、ロンドンから五〇マイル圏内に協同組合を主体とした新たなコミュニティを建設するというものであった。この計画は資金不足のため頓挫してしまうが、後の「田園都市」に通じるものとして注目に値する。

オウエンが去った後も、ニューラナークは会社と組合によって維持管理され、共同組合の聖地として世界中から訪問者が絶えない場所となった。工場の操業は一九六八年まで継続され、その後も住民は残って生活している。一九九八年にはニューラナーク保全トラストが設立されて地域全体がその管理となり、二〇〇一年には世界文化遺産に登録されている。

オウエン以降、英国内において共同、共有による理想都市への機運が高まりをみせたことは事実である。また、ウィリアム・モリス【註7】によるアーツ・アンド・クラフツ運動の影響によって田園生活への回帰、郊外型住宅への憧憬が喚起されたこともあり、ロンドンなどの大都市の郊外に住宅地が計画されることとなる。また、同時期に英国内の経済学者や哲学者の間で都市問題（環境問題）と土地利用の問題（所有問題）についての様々な議論が展開される。

トマス・スペンス【註8】がニューカッスル哲学協会で「土地は人類が自由に空気、太陽の光と熱を享受しているのと同じように、その恩恵を平等に享受できるものとし、具体的には各教区（パリッシュ）

が一つの自治的共同組織となり、すべての住民が構成員となり、土地はそれに付属するすべてのものを含めて教区の財産となる。人々はそれぞれの地代を教区の公庫に払込み、各教区によって議会で割り当てられた額が政府に払込まれる。つまり地代はすべての公共の負担を包含しているものであり、土地の公有こそが国家の根幹である」【註9】との講演をしたのが一七七五年であり、これが『真の人権』として一七九三年に刊行された。このようなスペンスらの土地公有思想が、ハワードの田園都市論に影響を与えたことは、しばしば指摘されている。

一九〇一年にはヘンリー・ヴィヴィアン【註10】によって協同組合方式による初の「田園郊外」が建設された。共同組合方式とは、投資家と居住者が共同で出資する非営利法人の住宅会社が土地を所有し、住宅の建設と運営を行うものであり、地区の計画と管理、運営に居住者が参加する仕組みも持っていた。ヴィヴィアンはこの後、レッチワース田園都市の事業にも参加することとなる。

そして、一八九八年にエベネザー・ハワード【註11】は『明日　真の改革に至る平和な道』を出版し、田園都市論による都市建設の第一歩を踏み出し、翌一八九九年には田園都市論の普及団体「田園都市協会」を設立し、その普及に努めるようになった。

ハワードが目指した田園都市とは、ウィリアム・モリスのアーツ・アンド・クラフツ運動やアメリカの小説家エドワード・ベラミー【註12】の近未来小説と共鳴しつつ、農村の中に都市を建設し、農村からの人口流出を抑制しながら、他方、都市の過密を阻止する。土地の所有と使用を管理しながら、産業革命直後の劣悪な環境下にあった都市の労働者を、一般市民として雇用・吸収し、また都市の中に緑あふれる優れた住環境をつくり出すというものであった。さらには都市をとり囲む、農地からの食料供給による自給自足型の完結したコミュニティ都市が目指されている。そしてハワードは、一般市民こそが都市の主人公であるとの考えの下に、低所得者や社会的弱者向けのシェアハウス型の共同住宅も建設したのである。当時のイギリスには、企業・工場が主体となった都市は存在していたが、それらはあくまで、自らの企業・工場の労働者向けのものであって、広く一般市民に開かれたものではなかったということを強調しておきたい。

ハワードの田園都市は、この意味において、単に都市を作るというだけのものではなく、まさしく「社会運動」のファクターを含むものであり、それゆえ、同時代の社会学者ルイス・マンフォード【註13】は、田園都市は二〇世紀の偉大な発明と称したのであった。

この社会運動は、資本主義の礼賛とマルクスの階級闘争の中間にあって賛同者は広がりをみせ、一九〇二年には当時、社会的にも影響力のあった小説家のハーバート・ジョージ・ウェルズ【註14】が副総裁に就任している。

ハワードは、一九〇三年にロンドンから五〇キロメートルほど北方に位置するレッチワースに一五〇〇ヘクタールの土地を取得し、「レッチワース田園都市」の建設を始める。取得した土地の三分の一にあたる五〇〇ヘクタールを都市部とし、残りを農地と共同利用地などにあてるというものである。人口は都市部に三万人、農地などに二千人が想定され、都市部とその周辺部に事業所が誘致され、住民には職住近接と緑に囲まれた住環境が約束された。日本で言えばちょうど「町」のスケールであろう。

レッチワースで特筆すべきは以下の諸点である。

所有形態

レッチワースの最大の特徴は、まずその土地の所有と利用の形態にある。レッチワースの土地は、基本的にすべて町を管理運営する第一田園都市会社（土地所有者によって構成。現在は財団）の所有である。この町の住民はもちろんのこと、商店、工場の経営者、農民も土地を所有せず、会社から借り受けて事業や農業を営んでいる。地代は原則として、市場賃貸価格を適用している。しかし、低所得者のために、借家人と投資家がともに出資する「共同出資型住宅方式」と呼ばれる独自のシステムを採用し、初期費用を軽減しながら共同住宅が建設された。会社は地主であるから自治体よりも大きな権限を行使できる。たとえば建築のデザインを統一すること、商業地区の活性化を図るため、用途を限定すること、またこ

現在のレッチワース（筆者撮影）

の会社で定める内部的なルール（定款）に違反して行われる譲渡や転貸を禁止できることである。すなわち、ここでは地域のために、住民参加による地域共同体としての会社が、地域のルールを定め、この統一ルールのもとで自ら町を計画しかつ経営していく、という意味で、日本の「総有」と近似しているといえるだろう。

受益の還元

田園都市の多様な評価の中で目に付くのが、土地の総有によって得られる開発利益の住民への還元であろう。日本では、会社は開発した住宅を住民に売買し利益を得るが、その開発利益は税金として自治体・国に支払われ、地元には公共事業などとして配分される。公共事業基準は全国画一であり、地元の固有の事情は考慮されない。しかしレッチワースでは、会社が自ら開発利益（賃料）を吸収し、インフラの整備（学校・公園その他の公共施設の整備と維持管理）を行う。また余剰があればその分は株主でもある土地所有者、すなわち住民にも配当金として配分されるのである。なお、会社は「非営利」が前提であり、先のインフラ整備のほか、歴史的建造物の保存、余暇娯楽施設などの共有施設の整備、コミュニティ活動や慈善団体への助成なども行われている。

都市の計画とデザイン

田園都市の形態的な特徴として、都市部を囲むように広がる農地の存在がある。これは新鮮な農産物を都市部に安価で供給できるという利点に加えて、都市部の不用意な拡張を抑制する働きがある。緑に囲まれた都市という、環境的にも重要な役割を果たしている。当然のことながら、将来にわたって、この農業地帯が住宅地や工業地帯となることはおこりえない。なぜならばそこは会社の所有であり、会社はそのような開発を認めていないからである。農地には散策用のトレイルが走っており、住民に利用されている。このような「総有」の仕組みが田園都市の形態、景観をも守り続けているのである。

レッチワースの住宅地計画を、ハワードの思想に基づいて現実的かつ魅力的なものにしたのは、都市計画家で建築家でもあるレイモンド・アンウィン【註15】である。ウィリアム・モリスの思想に影響を受け、フェビアン協会の会員で社会主義者でもあった彼が理想としていたのは、中世的な共同社会であったといわれる。

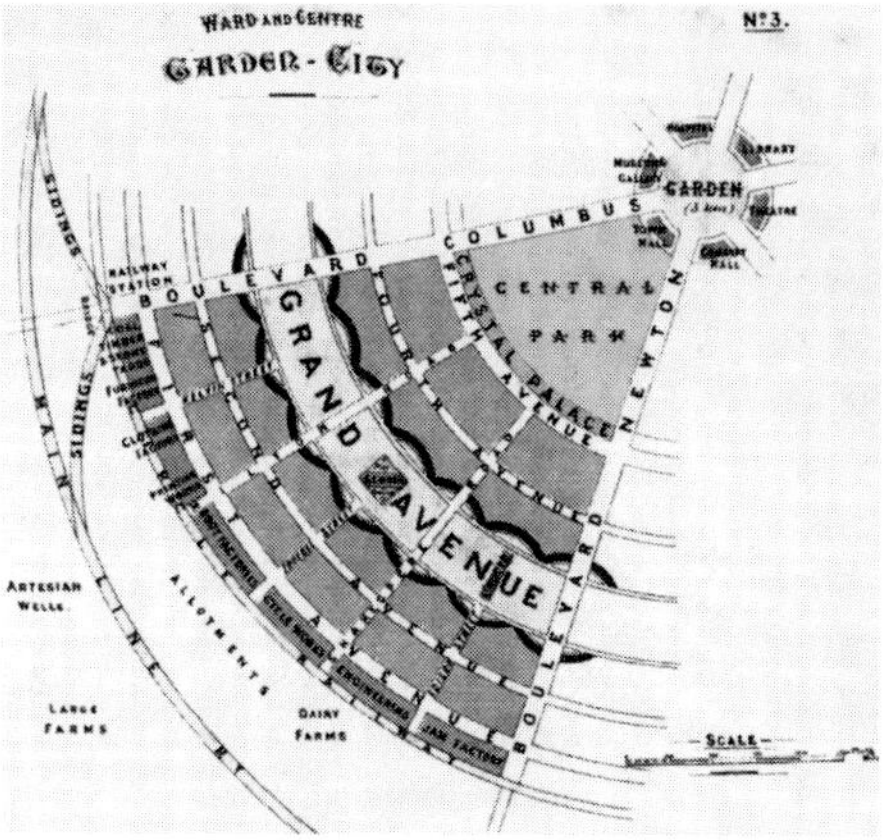

ハワードによる田園都市のダイヤグラム
出典：To-Morrow, Ebenezer Howard, Cambridge University Press

アンウィンは、レッチワースの計画に際しても、既存の植生を尊重し、既存樹木を避けて道路整備し、樹木と建物が調和するようにデザインしている。自然を生かす思想は、その地域の伝統的な素材を建築に生かすことにも現れている。建材はできる限り地場で調達し、地域の職人の技術を生かすことが優先された。これらの発想はまさにモリスのアーツ・アンド・クラフツ運動の思想そのものである。

レッチワースの住宅地の特徴は、住宅の密度を一エーカー（約四千平方メートル）当たり一二戸を超えないと定め、その配置にスーパーブロックという新たな開発手法を採用したことである。スーパーブロックとは、一ブロックを大型化して不必要に道路を造らないことで、住宅地の建設コストを下げる方式である。アンウィンはスーパーブロックを採用するにあたり、住戸は二連棟式のセミデタッチドハウ

クルドサック状の街路　出典：Wikipedia Commons

スか連棟の長屋式とし、クルドサック（行き止まり道路）の道路に沿って二〇戸を単位として計画した。そして、これらを五単位ごとにまとめた一〇〇戸の住戸群を一つの地域社会集団とみなし、公共施設を配置した。また、スーパーブロックの密度を高めるために、クアドラングル（囲い込み）型の共同住宅も採用し、低所得者や社会弱者向けの食堂やリビングを共有した方式の住宅として建設した。

レッチワースやその後の住宅地建設を契機として、一九〇九年にイギリス住宅・都市計画法（ジョン・バーンズ法）が制定されている。提案者のバーンズは、議会での説明で「都市計画とは、健全な家庭があり、美しい住宅があり、楽しい街があって都市が威厳に満ち、郊外はリフレッシュの場となるようにすること」【註16】と述べ、これが以後のイギリスの都市計画の基本理念となった。

「田園都市」はイギリス国内のみならず、世界中に大きな影響を与えた。この業績を今日的視点で見ると、そこには共同、共有、博愛という「総有」の思想が色濃く浮かび上がる。そして、レッチワースは一〇〇年を経過した現在においても、その理念を受け継いだ活気あふれる町として存在し、総有都市の持続可能性を証明している。

現代の都市における総有、英国での新しい試み

一九七〇年代に、イギリスで開発トラストと呼ばれる地域組織の活動が始まった。コミュニティレベルの小さな開発や維持プロジェクトを民間のトラストが行い、そこで上げた利益を組織運営に充てると

いう、サステイナブルな財政運営を行う仕組みが、この活動によってできあがった。

一九八四年には、ロンドンのサウスバンク地区で「田園都市」以来の英国における「まちづくり」の歴史を転換するようなプロジェクトが始まる。開発トラストの一つ「コイン・ストリート・コミュニティ・ビルダー（ＣＳＣＢ）」の誕生である。

これは、一九七〇年代の住民によるまちづくり運動に端を発している。サウスバンク地区は古くから倉庫や工場と労働者階級の住宅が混在する寂れた地域であったが、七〇年代の経済成長期にこの地にも開発の波が押し寄せた。コイン・ストリート地区の五・五ヘクタールの土地は、もともと民間業者と自治体である「グレーター・ロンドン・カウンシル（ＧＬＣ）」【註17】とが半分ずつ所有していた。一九七四年に民間業者による複合的な大規模開発計画（高層ビルの連続する計画で、住民からは「ベルリンの壁」と呼ばれた）がもちあがると、この商業主導的な開発に対して、住民は激しい反対運動を行う。一九七六年に住民や地域の団体が連合する形で設立されたＡＷＧ【註18】を中心に、一〇年におよぶ運動を繰り広げ、「コイン・ストリートの闘い」と呼ばれた。

一九七七年には、住民自らの手で地域の将来像をつくる「コイン・ストリート・アクション・グループ」を組織して、まちづくり計画に着手する。「労働者が住み、働く街」が彼らの青写真であり、「もう一つの途がある」がスローガンとなった。

一九八四年、民間業者は所有地をＧＬＣに売却し、ＡＷＧはすべての土地を購入して、都市再生事業のための非営利法人として、前述のＣＳＣＢを設立したのである。

驚くべきは、ＧＬＣは用途を限定したうえで、五・五ヘクタールのすべての土地を市場価格の二〇パーセントでCSCBに譲渡したことである。GLCからここまでの譲歩を引き出したCSCBのスキームは、アフォーダブル住宅（廉価で取得または賃貸可能な住宅）四〇〇戸、一二〇〇人の職場を提供する工場、商業施設などを含む延床面積約二万平方メートルの複合市街地の再生である。住宅は住民参加型の住宅協会が建設したのち、組合方式で居住者によって運営される。CSCBは住宅以外の施設建設を自ら行い、その管理運営はCSCBによって設立された運営会社が担っており、現在までに四つの組合住宅を含む八つのプロジェクトが継続中である。

CSCBは、事業収益をすべて社会的なサービスに充てる、コミュニティを主体とした非営利法人で、メンバーはすべて地域の住民で構成されている。不動産を所有し、その経営による収益をもとにコミュ

コインストリート地区　出典：http://coinstreet.org/

ニティ事業を行う。主な事業の一つが社会住宅の建設で、住宅協会を設立して、アフォーダブル住宅を供給している。住宅はすべて組合方式で、借家人に株を所有させて管理運営を義務付ける独自の仕組みをとっている。アフォーダブル住宅は、あえて低所得者向けとはしない微妙な表現であるが、入居者の人種、職業などにも配慮し、ロンドンの人種別人口の比率によって入居者を決定するなど、多分に慈善的な要素も含んでいる。

ＣＳＣＢは、これまでに四棟の組合住宅を建設し、それぞれが独立した住宅組合として機能している。一九八八年に入居が始まった最初の組合住宅であるマルベリ住宅は全五六戸で、このうち六人家族向けのスリー・ベッドルームが四六戸と多く、また二戸の身障者向けの住宅をもつ。レッドウッド住宅（一九九五）は、全七八戸のうち四八戸がツー・ベッドルームで居住者の平均年齢も低い。他に年金生活者向けの住宅もある。

このように、ＣＳＣＢでは住民の多様性を重視しているが、これは一九六二年に田園都市の思想にもとづいてフィンランドで建設された「タピオラ田園都市」において実証された、住民の多様性が都市の持続性につながるという理論によったものであろう。また、住宅密度については、一ヘクタール当たり六八住居とするなど、都市内でのアメニティにも配慮を怠らない。また、ＣＳＣＢのまちづくりはデザインを最大限に重視している。デザインが街の快適性と地位を高めることを理解し、旧来の工場や倉庫のコンバージョンにも積極的である。商業施設からの家賃を組合住宅の経営に回すなど、コミュニティ重視の事業を強調している。

さらに、ＣＳＣＢはサウスバンク地区全体の活性化を支援する活動も展開し、毎年夏に行われるフェスティバルは、今やロンドンで名の通ったイベントとなっている。

これらCSCBの仕組みは、まさにハワードが「明日の田園都市」で提唱し、レッチワースで実行しようとしたことにほかならない。そして、その思想、仕組み、運営のバックボーンとなっているのが総有である。

このようにイギリスでは、一〇〇年の時を越えてハワードやオウエンの理念が住民の力を得て行政を動かしたのである。

パーム住宅協同組合のアパート
出典：http://coinstreet.org/

日本の田園都市と新たな展開

日本にもハワードの影響を受けた多くの田園都市が存在する。なぜ、レッチワースのような田園都市が日本に広がったのだろうか。その背景には、一九二〇年代の大都市における住宅地の郊外への拡大という社会現象がある。そして、もう一つ大きな要因となったのが、一九二〇年代の社会潮流となった、サラリーマン層の増大である。彼らはある程度の資産と教養を持ち合わせており、文化的な生活を望む中産階級の代表であった。

このようなバックグランドのもとで、日本では鉄道会社を中心とする民間企業によって、次々と東京郊外に住宅地が開発されていった。これに追い討ちをかけたのが、一九二三年の関東大震災による都心からの人口流出であり、これらによってサラリーマン層の多くが郊外の分譲地を購入し、居を構えることとなった。このような状況下で、当時財界に広く影響力をもち、震災復興にも尽力した実業家の渋沢栄一は、世界的に広がりを見せていたハワードの「田園都市」の情報を手に入れ、息子の秀雄にレッチワースを視察させて、一九一八年に田園都市株式会社（現・東京急行電鉄）を設立させた。同時期に堤康次郎（現・西武グループの創業者）も東京の郊外に同じような形態の都市を開発していった【註19】。

彼らの開発手法は、ハワードの田園都市ダイヤグラム（二四一頁図参照）に範をとった、駅前広場等による中心性を強調した同心円状の街路と、放射線状に延びた街路を典型とする街区計画であった。日本では、デベロッパーと鉄道会社が結びつき、駅舎と駅前広場を中心として住宅地を配置した。これは欧米的な街の雰囲気を出すには格好の形態であったが、現在でも良好あるいは高級な住宅地として残っているのは偉大な功績といえる。田園都市以降も日本の都市計画、住宅地計画は、イギリスに倣ったニュータウン政策やグリーンベルト計画などの手法を採用しており、戦後の高度成長期の大規模団地の開発などにも影響をあたえている。

しかし、残念ながら、日本におけるこれらの計画は、およそハワードの理念とは異なっていた。なかでも決定的な違いは、先に見たようにハワードは、土地を会社に所有させ、住民は出資者として土地を賃貸するという、あくまで総有的な土地利用を志向したのに対し、日本では会社が開発した土地を単に分譲地として売買したという点にある。日本には営利あるいは資本主義という観念から開発が行われるのに対して、ハワードはあくまで社会改良を目指した、という点も先に見たとおりである。

このような状況においては、ハワードのもとにアンウィンが実現しようとした、成熟したコミュニティのための理想的な都市空間をつくり出すことは不可能といわざるを得ない。

総有にもとづいた都市においては、建築単体の連続によって既成された都市には不可能な「まちづくり」が可能となる。建築の形状等の誘導はデザイン・コードの策定等によって容易に行えるであろう。さらに都市にとって重要なことは、都市内の様々な施設（住居、オフィス、店舗、学校、病院等）のインターフェイスをいかにつくるかである。ここに日本における一つの興味深い計画を例にとって総有によって生み出される空間を検証してみよう。

一九九二年から九四年にかけて、名古屋市営千種台団地の建て替えが行われた。その際に地域の住民が市の高層住宅への建て替えに反対し低層住宅の建て替えを主張した。住民は自らアメリカの建築家クリストファ・アレグザンダーに依頼して代替案を提示したのである。アレグザンダーは地域住民に綿密な聞き取り調査を行ったうえで、自らが提唱したパタンランゲージ【註20】にもとづいて、狭い敷地を最大限に利用し、高層案と同等の戸数となる低層のコンパクトに凝縮された計画案をつくり上げた。

ここでアレグザンダーが重視したのが、都市のインターフェイスとしての道路である。彼は、団地内の道路の幅を一〇メートル以内にすべきだと主張した。道路が広くなると道路の「コミュニケーションの生まれる広場」としての機能が失われるからだという。これはアレグザンダーもゲストとして参加した「チーム10」【註21】が展開した「生活空間としての街路」にも共通している。街路やその延長としての広場が家々の生活機能のインターフェイスとなり、互いを結びつける役割を果たして、コンパクトな都市が成立するという、コンパクトシティの思想にも通じるものである。

残念ながらアレグザンダーと住民による案は実現されなかったが、ここで提案されたパタンランゲージとコンパクトシティ構想は、総有の都市空間を計画する際のキーワードとなりうるものであろう。アレグザンダーによれば、人間関係に直接影響を与える建物や広場の物理的な配置を決定するヒントは、伝統的なコミュニティや自然の中にあり、パタンランゲージはこれを住民が明確にし、自覚することへの支援をする道具となりうるという。これはまさに住民の全員参加を基本とする総有にもうってつけの道具となるであろう。

また、コンパクトシティは総有の都市の本質ともいえる。総有都市は、その主体となる組合等によって管理、運営されることが原則であり、その規模はある程度限定される。コンパクトシティ化は必然ともいえるが、既成の大都市においては地区、地域ごとの総有主体が存在してもよいのではないだろうか。それはハワードの考えた田園都市のダイヤグラム（二四一頁図参照）にみる都市の連結の理論に通じるものでもある。

現代において、総有の都市空間をいかにつくるかを考える時に、二つの事例である、イギリスのＣＳＣＢと名古屋の千種台団地に共通することは、住民が主役であるという点である。レッチワースやニューラナークがハワードやオウエンが去った後も存在し続けたのもやはり同様に住民が主役であったからであり、これこそが田園都市の本質なのである。

「田園都市」の形態と理念は、現代においても変わらぬ普遍的な価値をもって受け継がれている。本書で議論する「現代総有」も、オウエンやハワードと同様に転換期を迎える社会の改良を目指さなければならないだろう。それには様々な制度の改革と同時にこれに参加する住民の意識の改革も必要となる。

総有によって成立する都市は「田園都市」と同様に美しく、普遍性と持続性をもって存在し続けるであろう。

20　ウィーンの建築家、アレグザンダー（Christopher Alexander, 1936-）が提唱する「パタンランゲージ」（1977年）は、人々が「心地よい」と感じる環境（都市、建築物）を分析して挙げた、253のパターン（「小さな人だまり」「座れる階段」「街路を見下ろすバルコニー」など）があり、住居の設計や、都市計画のルールづくりのヒントにもなっている。これらのパターンは各国の美しい街や住まいに共通する普遍的なものであるが、近代都市計画では無視され、忘れられてしまった。既存の建物を撤去したまっさらな土地に直線の広い街路を造り、高層ビルを建てる、といった近代都市計画の発想とは対極の発想であり、既にあるまちの文脈を読み、狭い路地や目にとまる植栽、窓からの眺めといったヒューマンスケールな要素が重視されている。国内では、川越市一番街「町づくり規範」（1988年）、真鶴町の「美の条例」（1993年）などにも採用されている。

21　1953年に結成された建築家グループ。CIAMを解体しモダニズム建築以後の建築様式の基礎をつくり上げた。

註

1　OECD（経済協力開発機構）によって2000年11月に公表された日本の都市政策に対する勧告。OECDは国際協力機関として、加盟国の地域開発政策について、欧米先進国を中心とした加盟国の経験など豊富なデータを用いつつ、国際的視点から各国の都市政策審査を行い、勧告を公表している。

2　Ebenezer Howard, 1850–1928. ロンドン郊外のレッチワース（Letchworth）は、ハワードが田園都市（Garden City）の理念に基づいて建設した最初の田園都市。

3　Robert Owen, 1771–1858.

4　David Dale, 1739–1806.

5　一住室内にキッチン等の設備を備えた、いわゆるワンルーム住居。

6　John Bellers, 1654–1725.

7　Wlliam Morris, 1834–96. イギリスの詩人、デザイナー。機械による量産品を否定し、手工芸品を尊重するデザイン運動（Arts and Crafts Movement）を実践。アール・ヌーボーや、日本にも影響をあたえた。

8　Thomas Spence, 1750–1814. 1775年の講演で土地共有を主張し、ニューカッスル哲学協会を除名された。

9　トマス・スペンス『近代土地改革思想の源流』田野宮三郎訳、御茶の水書房、1982年

10　Henry Harvey Vivian, 1868–1930. 共同組合方式（Co-Partnership）の構築に寄与。

11　Ebenezer Howard, 1850–1928.

12　Edward Bellamy, 1850–98.

13　Lewis Mumford, 1895–90.

14　Herbert George Wells, 1866–1946.

15　Raymond Unwin, 1863–1940.

16　西山康雄『アンウィンの住宅地計画を読む』彰国社、1992年

17　Grater London Council. ロンドン広域区の行政機構として1965年に成立し、20年にわたり広域自治体として機能し、サッチャー政権下で86年に廃止された。

18　Association of Waterloo Groups.

19　日本の代表的な田園都市として渋沢系の田園都市株式会社(現・東急系列）の洗足田園都市(1922年)、多摩川台田園都市（現・田園調布1923年）と堤系の箱根土地株式会社（現・西武系列）の大泉学園都市（1924年）、小平学園都市（1925年）などがあげられる。箱根土地は田園都市に対抗する形で学園都市としている。田園都市がヨーロッパ型の中心性をもった放射状の計画であるのに対し、学園都市はアメリカ型の均質性をもったグリット状の計画となっている。

世界遺産と総有――石見の実験

齋藤正己

世界遺産の町「石見銀山」

島根県大田市の山あいに、我が国の一六世紀頃の中世時代より、世界で流通していた銀のおよそ三割を支えていた銀鉱山の町である大森町をはじめとした遺跡群が、「石見銀山遺跡とその文化的景観」としてユネスコの世界遺産の登録を受け、五〇〇年ぶりに我が国の現代史に登場した。

二〇〇七年六月のクライストチャーチで開催された世界遺産委員会（ユネスコ）【註1】は、いったんは「顕著で普遍的な価値」【註2】の証明がないとして登録延期の判定を下した。しかし日本側が、「灰吹法」【註3】という質の高い製錬技術や、森林を伐採することなく手掘りで進めるなどこの鉱山がこれまでにない環境に配慮しながら採掘が進められたことなどをアピールし、ユネスコ総会で逆転登録を受けることに成功した。

石見銀山は、一六世紀から二〇世紀にかけて、採掘から製錬まで行われた銀鉱山跡、武家・商家・寺院など様々な身分・職業の人々が混在する鉱山町のある大森町、鉱山から総延長七・五キロの鞆ヶ浦道と総延長一二キロの石見銀山温泉津・沖泊街道、そして銀鉱石の積出港の鞆ヶ浦港・沖泊港・温泉津を構成資産にしている。

一般的に、日本では世界遺産というと直ちに観光に直結し、その角度から喧伝されることが多い(石見銀山の観光客は別表の通り)が、世界遺産の目的は必ずしもそのようなものではなく、世界遺産に登録することによって、遺産の破壊(その最大のものが戦争。そのほかにも地震などの災害、経年劣化など)を防ぐことによってまさしく「平和に寄与」【註4】することを目的にしていることを忘れてはならない。まさに世界遺産は、ユネスコが掲げる世界平和に対する最大のメッセージに他ならない。言い換えれば、世界遺産に登録されることだけでなく、最終的に世界の平和につながるものとして、登録以上に維持保

銀が積み出された鞆ヶ浦港

全の責任が重要になるということに留意しなければならない。

特に石見銀山などのような「過疎地」にある世界遺産、しかも、奈良の法隆寺などの一つの建物ではなく、道や港を含む、いわば町全体に広がるものを誰がどのようにして維持していくかは、極めて難しい問題である。これは、少子・高齢化を迎えた我が国にとっては普遍的問題であり、石見銀山だけでなく、全国の地域をどのように維持して行くかにつながるのである。

本稿では、この「維持管理」という部分を広く「まちづくり」と捉え、我が国が直面する土地の制度的な問題を、世界遺産登録を通した新しい取り組みで、どのように解決したかを検討していく。

世界遺産における「維持管理」

地域社会の維持管理は、これからの地域社会にとって最も重要なポイントとなる。

世界遺産は一九七二年の世界遺産条約【註5】締結以降、登録件数が九六四件（二〇一二年）を数えるまでになった。ユネスコ世界遺産委員会では、世界遺産の登録審査の際に、それぞれの構成資産だけでなく、その周辺部（バッファゾーン）を含めた一体的な管理を行うための「包括的保存管理計画」の策定を求めている。

我が国でこれまでに登録された世界遺産については、石見銀山に典型的に見られるように、複数の構成資産が広域に点在しており、こうした遺産群を一体に管理・保存し、的確に次世代へ引き継ぐための具体的な管理計画として、包括的管理計画を定める必要がある。これら複数の構成資産を、有機的かつ効果的に管理・運用するためには、共通の保存管理の基本方針や個別の保存管理計画の調整を含め、資産全体を包括する保存管理計画の策定が求められる。また、個別の構成要素の規模・形態・性質に応じた適切かつ具体的な保存管理の方法を定めることも必要になる。そして、資産全体が往時の土地利用の在り方を残し、現在もなお地域の人々の生活の場として継続していることから、個々の構成要素が真実性を保持するとともに、文化的景観としての完全性の保持にも配慮した保存管理の方法を示さなければならない。

では、広大な石見銀山の現状はどうか。構成資産が、銀鉱山跡と鉱山町、それを積み出す港町、そこへ通じる街道という三つから成り、その面積は、構成資産が五二九ヘクタール、その緩衝地帯が三一九四ヘクタールという大規模な地域が対象で、「維持管理」をどのように支えて行くか、それが当初より大きな課題になった。

維持管理の重要性は、世界遺産条約の条文にも盛られている。世界遺産条約四条は、「文化及び自然遺産の認定、保護・保存・整備及び次世代への伝承は締約国の責任である」と定めている。二〇一二年、京都で開催された世界遺産条約四〇周年大会でまとめられた「京都ビジョン」では、これに「新しい概念」をプラスしている。すなわち、「遺産の運用から得られる利益を公平に共有することは、人々の帰属意識や他者との相互尊重、集団全体としての目的意識を強め、ひいてはコミュニティに社会としての結びつきがもたらされる」。そのためには「遺産が、社会生活における役割を与えることであるならば、コミュニティの関心と要望を、遺産の保存と管理に向けて、そこを中心に据えなくてはならない」。

この視点を、石見銀山にもあてはめて考えるため、まず、町の歴史を振り返ってみよう。

世界遺産の登録地となった石見銀山は、島根県大森町に所在する。島根県には、人口減少で過疎化が進む地域が多い。一九五四（昭和二九）年の二町六村【註6】による合併により、新生・大田市が市制発足をしたが、市の統計では、翌一九五五年の調査開始と同時に人口減少が始まっている。今から五〇年以上も前であるが、当時すでに大森町も過疎化現象に晒されていた。世界遺産という価値が認められた町ではあるが、現在では人口が約四〇〇名までに減少している。

市制発足後、この町を立て直して行こうという目的で、「大森町文化保存会」が結成された。今から半世紀以上前の一九五七（昭和三二）年のことで、町民の全戸加入によって発足した。しかし、この一帯はすでに過疎化が進み、かつて栄えた鉱山の周囲には、荒れ果てた家が連なる状態であった。全町民参加による文化保存会が結成されたのは、我が国で初のことであるが、状況は小さな町の努力で対処できる範囲を大きく超えており、急速に過疎化が進行し町が廃れていくのに、手の施しようがないのが現実であった。地域経済も、農林水産業を主体とした産業構造から脱却することが難しく、こうした負の連鎖がさらに過疎化に拍車をかけていた。

石見銀山は、徳川幕府成立の時代より幕府の重要な財源として、これを支える二〇万人が住む大都市であったと言われているが、明治以降は銀の産出量の減少と共に人口が減り、現在では前述の通り、過疎地域になっている。しかし人口が減少しながらも、地域住民の努力によって小さな町ではあっても町に賑わいを保ち続けている事例として考えられるのが、銀山で栄えた大森町である。このまちなみの保全は地域が一丸となって取り組んだ過程である。

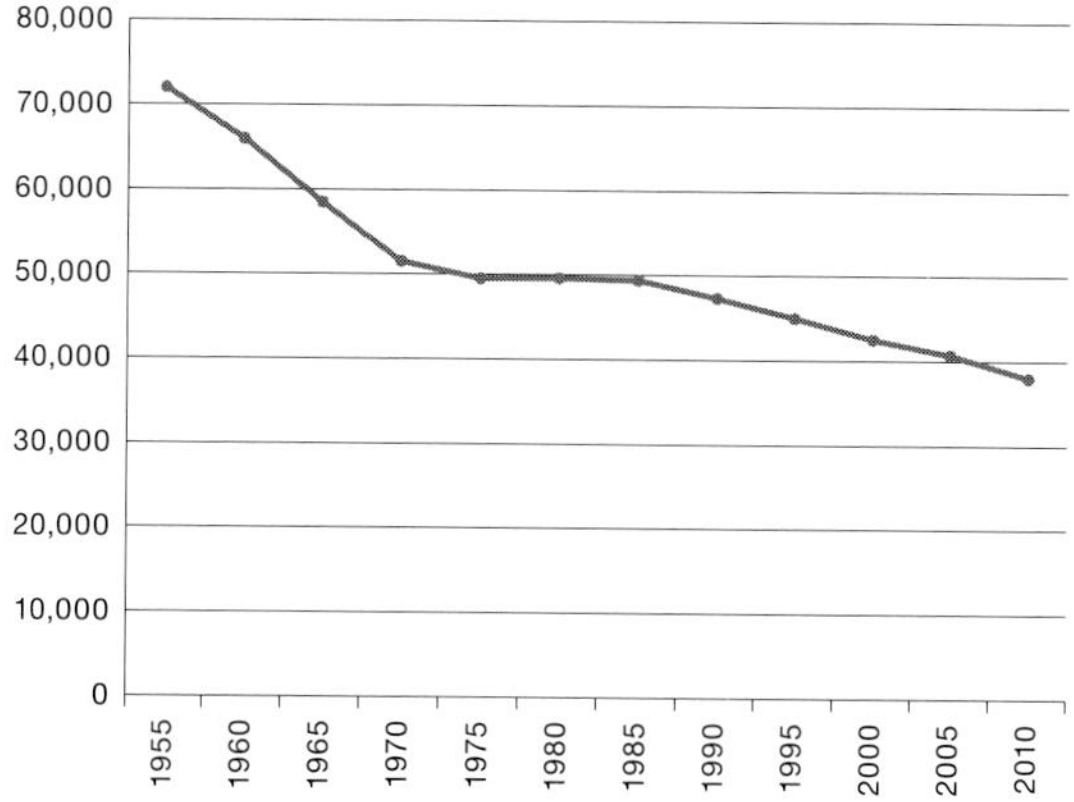

島根県大田市人口の推移1955年より2010年まで
出所：国勢調査資料より筆者作成、単位は人

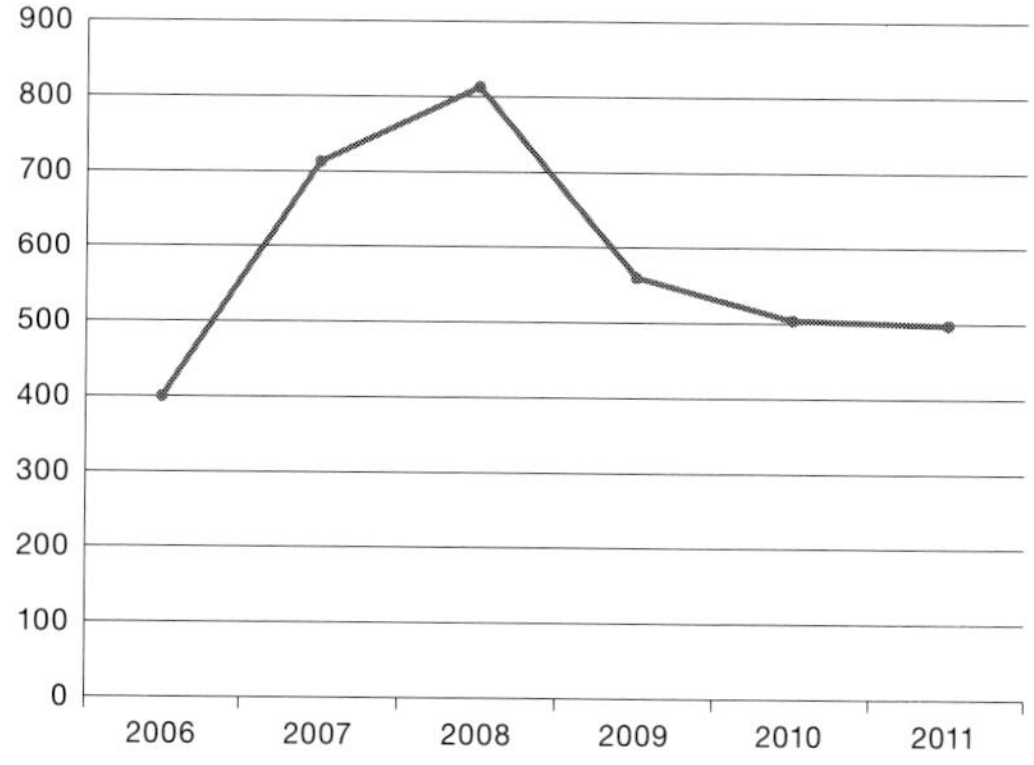

石見銀山観光入込客数（2006年～2011年）
出所：島根県統計データベースより筆者作成、単位は人

重要伝統的建造物群保存地区の指定

大森町は、「過疎地」対策として、これまでも農林水産業などによる振興が行われてきたが、根本的な変革をもたらすものではなかった。古い歴史を有する町ではあっても、すでに景観は廃屋の展示場の様相を呈すものであった。その大森町で、文化財としての価値から、一九六七（昭和四二）年に、石見銀山遺跡が県指定遺跡として指定を受け、次いで一九六九年には、鉱山跡を中心とする一帯が国指定の遺跡に指定された。一九七五（昭和五〇）年には文化財保護法【註7】の改正により伝統的建造物群保存制度が設定され、そのなかで価値の高いものが重要伝統的建造物群保存地区（以下、重伝建地区と記す）として選定されるようになる。

そして一九八七（昭和六二）年に、大森町の古いまちなみが、重伝建地区の指定を受けた。二〇〇四年には、銀鉱山から運び出された銀の積出を行っていた温泉津も追加指定されている。

指定を受けた重伝建地区内の個々の建造物は、基本的に木造による建物がまちなみの主流を形成しているため、改造や修復をした場合でも、その改造の経過や本来持っている伝統的形式を尊重して復旧を行わなければならない。さらに伝統的建造物群と一体をなして価値を形成している街路、水路、井戸など、現在の生活・生業の諸活動のなかで機能している地上の遺構については、原則として現状をすべて維持し、必要に応じて復旧・修理を行うことが定められている。

重伝建地区に指定される以前に、まちなみの重要な拠点というべき江戸時代以来の建造物の取り壊し問題が起こっている。これは、徳川家康が一六〇〇（慶長五）年に石見銀山接収を目的に拠点として築いた代官所跡に、一九〇二（明治三五）年に建てられた邇摩郡役所の建物である。のちに、町の再生のシンボルとなる建物であるが、一九七六（昭和五一）年に取り壊し問題が起こると、地元の有志による保存運動の展開で、取り壊しから修復再生へと結びつけた。この時の再生は、大森町文化保存会を中心とした町民有志によって建物を買い取ったうえで、修復のための費用も自分たちが拠出することによって再生が行われた。現在では石見銀山資料館として、大森地区のまちなみの中心をなす建物になっており、古地図や美術品など重要資料が収蔵され一般に公開されている。

重伝建地区の指定を受けた構成資産は、文化財保護法の定めるところにより、重要文化財と史跡の保存管理、修理および公開については、所有者または管理団体が適切に行うことを原則としている。日常

現在の大森町まちなみ地区

においては島根県・太田市の連携のもと「石見銀山保存管理委員会」【註8】が主導し、民間事業者等に対しては適切な指導や要請を行っている。

地元の「大森町文化保存会」は、資産の保護を担う地域住民全員によって組織され、日常のまちなみ保全を行っている。同時に、資産および緩衝地帯に居住し、あるいは石見銀山に関心を寄せる市民が二〇〇五年に「石見銀山協働会議」【註9】を発足させ、すべての構成者を対象とした組織化が行われている。

一九八七（昭和六二）年には、大田市においても伝統的建造物群保存条例が施行されているが、重伝建地区の指定地域内の現状変更に対しては大田市教育委員会の許可が必要となる。専門家のまちなみ調

石見銀山資料館

査を踏まえて保存計画を策定するため、保存地区の居住者にとってはどのような規制がかかり、それに対する助成制度などに関心が集中した。

重要文化財に指定された建造物の修復に関しては、国が六五パーセント、市が一七・五パーセントの補助金を交付するようになった。重伝建地区において所有者である個人等に対しては、必要に応じて大田市が定めた基準に基づいて、経費の五〇～八〇パーセントの補助金交付を行っている。このほかにも、条例に基づいて石見銀山保護のための基金を設け、大田市から資金提供がなされている。

大森町の指定地区には対象となる建物が約五〇〇棟あるが、その半分がまちなみを構成する伝統的建造物であり、保存すべき物件として特定されている。修復の現状は、伝統的建造物（含む社寺）で整備済みが一三五件で、助成に関しては限られた資金という枠組みのなかで順番に行っている状況である。そのため指定地区の整備率はいまだに五割を上回る程度の進捗状況である。こうした行政による助成制度は、地域住民にとっては保護活動を促進させるものとなったが、予算という枠組みに縛られながら行われるという限界を持っていた。

この限界に挑戦した力にこそ、石見銀山遺跡保護の特徴というべきものである。旧代官所跡の修復のように、行政は町民に対して主導的立場にはあるが、現場において資金集めや資料集めは町民の有志によって行われている。旧大森町【註10】で市制発足後に結成された文化保存会は、結成当時と比べると人員ははるかに減少しているが、後に結成された協働会議は、まちなみ保護の全構成員から成るものであり、こうした町民の努力がまちなみ修復として結実し、やがて二〇〇七年の「世界遺産・石見銀山」の誕生へとつながるのである。

ところで、まちなみ修復は大きな事業である。人口減少の著しい大森町では、建物の所有者のうち若年層は都市に生活の場を移し、地元に残る者は高齢者という、全国共通の地域構造がある。また、修復が終わってもその建物がそのまま放棄されるものが出はじめた。これらの問題を解決するためには人手が重要であるが、地域での最大の悩みはそのための人材不足にあった。それを解決するため、町は地域おこしを牽引する人物の登場を待ち望んでいた【註11】。

郷土再生に情熱をささげる人々

過疎化のすすむこの町に一人の救世主が現れた。地元出身の企業家である中村俊郎である。

中村は合併前の旧大森町の出身で、京都とアメリカでの義肢装具制作の研修を終えて郷里の大田市に戻り、一九七四（昭和四九）年に「中村ブレイス」を起業した。開業当初は仕事がなかったが、創立して一〇年後にシリコーンゴム製のインソール（足底版）のヒットによって、転機を迎える。この最初のベストセラー商品によって経営の基盤作りに成功し、欧米九か国で特許を取得した。その後、義手・義足・コルセット・補助バンドなどに続き、シリコーン製人口乳房や再生補正具の商品化を図り、日本国内はもとより海外にまで知名度を広げ、マレーシアにも事務所を構えるまでに会社を成長させた。現在、若者を中心に約一〇〇名近い従業員を雇用している。そして、中村は大森町再生の中心を担うことになる。

まちづくりを行い過疎化の著しい郷里を世界遺産の町として再生させてゆく発想は、少年時代の体験に負うものが大きい。中村の一家は戦前朝鮮半島に住み、敗戦後は大陸からの引揚者となった。中村家は地元で代々の名門であったが、戦後の農地解放でほとんどの資産を失っている。斜陽化して土地も資産も失ったが、父親は中村に対し、よく世界の企業の話しや、石見銀山の将来について語ったという。それは、「銀山はマルコポーロから考えて行かないとおもしろくない」といったユニークなものであった。また母親も、インドネシアで貿易商をしていた兄（中村にとっては叔父）の話を聞かせてくれた。少年時代に両親から伝授された話が後年開花するのである。

だが中村の人生は順風満帆ではなく、まさに山あり谷ありの連続であった。

高校を卒業した中村は、家計から進学の希望が叶わず、一八歳で京都の大井製作所という義肢装具の会社に就職し、働きながら勉学も続けた【註12】。一九七一（昭和四六）年に一か月の休暇を得て単身渡米する。向かった先は、サンフランシスコの世界的パーツメーカーのホズマー社。同社の副社長フリータ氏の手配で、サンタモニカのモダン・オーソペデック社を視察する。この会社はスタッフ一〇名ほどの義肢工房で、オーナーはトシ・イシバシという和歌山県出身の日系二世であった。

このイシバシとの出会いが中村の転機となる。イシバシの自宅へ招待され、そこで夫人の両親である島根岩造・綾子夫妻と出会う。二人は島根県出身で、同郷の若者である中村に、渡米した理由や、毎日どのようにすごしているのかを尋ねた。そして、「トシ、こういう青年こそアメリカで勉強させてあげたらいい」とイシバシに提案したという。このように中村はアメリカで多くの善意の人たちと出会っている。

最初の渡米から一年後、中村は再びアメリカをめざす。しかし当初はビザの問題があり、いつまで滞在できるかわからないままの出発であった。英語力を身につけるために、夜間は英会話学校に通った。交通費を節約するため自転車で通学していたある晩にひき逃げに会い、全身打撲を負ってカリフォルニア大学の附属病院に担ぎ込まれた。出血で両耳は聞こえず、まさに死の一歩手前の状態だった。

中村はこの時の体験について、「不思議と腹が立つことはなかった」と述べている。学ぶ機会を得たことへの感謝が先にあったからだという。こうして、アメリカで多くの善意を受けながら中村は帰国する。

中村が帰国した一九七四年は、県と国の史跡指定を受けた大森町のまちなみ地域において、文化庁によるまちなみ調査が初めて行われ、緩やかに町民の意識に変化が起こり始めた時期であった。重伝建地区の指定を受ける前段で、過疎化した地域で町を再生するということは、とにもかくにも人を集めることである。なんといってもすでに多くの建物が空き家状態になっているため、これを修復して元の賑わいのあるまちなみの構成施設にしなければならなかった。

実際に、世界遺産をめざそうという気運が出始めたのは、一九九八年頃からである。世界遺産に登録されるためには、石見銀山の「顕著で普遍的な価値」を、いかに証明できるかが課題であった。すでに資料は散逸している状況にあったため、中村は、古地図、古丁銀、渡来人陳元贇の発見など、資料の構築を積み重ねた。こうして、かつてマルコポーロがジパングと呼んだ我が国の鉱山の華やかな歴史が少しずつよみがえっていったが、世界遺産の保護活動は、こうした地道な努力から始められている。そして二〇〇一年、念願の世界遺産登録の第一段階となる暫定リストへの掲載が決定する。

暫定リスト掲載に至る過程には、町民有志の手によって、一九七六（昭和五一）年に着手された、旧代官所から龍源治間歩までの二・八キロの街道の修復がある。同じく町民によって修復された石見銀山資料館から始まるまちなみ地区に入ると、最初に到着するのが「熊谷家住宅」である。熊谷家はこの地域で代々の年寄役を務めた旧家で、現在の建物は一度火災によって焼失しているが文化年間（一八〇四～一八年）に再建されたものである。形式は入母屋瓦葺き二階建てで、間口九間奥行八間の母屋と、屋敷内には蔵が四棟建てられている。この建物の修復は、重伝建地区の指定をうけて昭和の終わりから平成にかけて急ピッチで行われた一連の工事の一環として、二〇〇一年に着工され、約四年の歳月をかけ、延べ一万八千人が保存修理工事に参加して再生された。

　まちなみを構成するもう一つの要素として、寺社がある。「西性寺」はこの地域の特産品である石州赤瓦の屋根の本堂を持つ寺院である。この寺院には、この地方の石見左官によって描かれた「鏝絵《こてえ》」がある。

昭和30年代の大森町まちなみ地区
（旧大森町提供）

鏝絵は民家や土蔵の漆喰壁に、コテを使って様々な絵柄を浮き彫りに描いたもので、全国的にも石見左官のものは有名である。西性寺経堂の鏝絵は「左官の神様」と呼ばれた松浦栄吉（一八五八～一九二七）のもので、正面には鳳凰が、その他に三面には牡丹や菊の花が描かれている。

「阿部家住宅」は一六〇一（慶長六）年銀山代官所役人に召し抱えられて以来、今日まで続く旧家の住居である。現存する母屋は江戸中期に遡るものといわれている。母屋は切妻瓦葺の平屋建てで、間口七・五間奥行五間の造りである。入り口から入って裏側の最奥部を上座敷とするが、床は妻床で表側との境は建具で仕切られている。各室とも長押を持ち天井は高く、大黒柱・梁組などすべて太く造られている。この二二〇年前の建物は、一〇年かけて修復され、現在は訪れる多くの方のための宿泊施設として利用されている。

昭和30年代の大森町まちなみ地区
（旧大森町提供）

「金森家住宅」は、銀山御料郷宿泉屋の旧宅で、銀山御料内六組六軒の郷宿の一つである。平入母屋瓦葺で街道に平行した棟を持つ見世部分と、それに接続して後方に延びる住居部分によって構成されている。この建築物は江戸時代の工法をよく伝えるものであり、採光や換気に独特の工夫がなされている。「高橋家」は天明年間（一七八一〜八九年）に銀山町に住みつき、町年寄山組組頭にまで進んだ家柄の旧宅である。現存する母屋は安政年間（一八五八〜六〇年）に建設されたもので、切妻造り瓦葺二階建てで、一階が間口六間奥行九間、二階は四間と二間半。外回りの筋格子・台格子にも往時を偲ぶことができる。

そして、最後に龍源寺間歩でクライマックスを迎える、これが現在の大森町のまちなみ地区である。

過疎化の進行した町は、すなわち高齢化の進行した町でもあるが、中村ブレイスの従業員の半数以上は、全国から二〇代、三〇代の若者たちであり、彼らの宿舎が必要であった。昭和五〇年代からの修復事業で再生した武家屋敷などの古民家を、若者たちの宿舎として利用することで、過疎化がすすむ町に若者たちの拠点が確保された。

中村が手がけた最も新しい建物は、ゲストハウス「ゆずりは」である。ユズリハは庭木などに使われる常緑木の名前で、石見でも出土している丁銀の形はその葉に由来する。ゲストハウスは、中村ブレイスの若者たちの拠点であると同時に、訪れる人々に休息を提供する場になっている。宿泊施設の少ない大森地区では、同様に建物の修復と活用がこれから進むものと思われる。

重伝建地区の指定から世界遺産の暫定リストへの掲載の過程には、中村をはじめとする町民の地道な修復への取り組みがあったことがわかる。過疎化は地域全体の深刻な問題であるが、まちなみ修復の過程は協働ということが重要であると再認識することができた。

石見の実験、一人総有

中村は、四〇年にわたり、地元のまちなみ修復に情熱をかけてきた。昭和五〇年代以降、大森町のまちなみ地区で修復された約一〇〇件のうち、四三の物件の修復を彼が手がけている。この成功の陰にあるものは、中村家が戦前の地主であり、一帯の土地の当時の所有者であったことや、父親も健在であり、地域の人々の彼に対する信頼感があったことである。地方ではいわゆる名望家の存在は、町づくりにとって有効となる。中村はそうした立場を利用しながら、古民家の所有者と話し合いを重ね、三〇数件もの民家を自ら買い入れて修復を完成させた。

まちなみ修復のために、一軒ずつ説得を重ねながら所有者と交渉を開始するのであるが、この時障害になったのが、所有者が不在で直接交渉することができない空き家が数多く存在していたことである。日本では土地に関する情報はすべて登記簿上に記載されているが、現実には所有者の住所を知るのは容易ではない。一向に居所がつかめない状況が続いた。なかには日本にいない所有者もいることがわかってきた。手紙の交信に費やす時間も膨大なものになった。

地方では、土地の扱いは非常に難しい。高齢者の先祖伝来の土地家屋への愛着は、非常に強く、まして歴史ある町では、土地の売買に関する話は禁句のようなものである。大森では、名望家出身である中村だから乗り越えられたものであるが、彼にはもう一つのアイディアがあった。それは、売買に対して拒否感を持つ所有者に対しては、家や土地を買収するのではなく、所有名義はそのままにして家を「借りる」（賃貸借契約）という方法を提案したのである。

不在地主との交渉に費やされる膨大な時間と、土地の所有権という制度の中でまちなみ修復を最大限追求できる制度として、総有という制度が考えられる。日本では土地は先祖伝来のものというだけでなく、最大の財産となっている。土地を持ち続けていれば、何とか生きていけるという神話は、都市だけでなく、地方でも根強い。土地の所有者にとっても、売買してしまうのではなく賃貸借を行い、貸主に対しては「賃料」という形で対価を保障し、その結果、所有権は一切変わらず、家・土地もそのままということになる。こういう安心感が空き家修復を促進させた。

これまで土地に関する制度は所有権者の権利が強大なものであった。我が国のまちなみ修復の沈滞は、この土地制度に原因の一端があるため、それを打破する新しい制度の構築が必要となる。そこで所有する者の権利よりも利用する者に重心を置いた制度として「所有と利用の分離」という考え方の導入を検討しなければならないだろう。この考え方によって、大森町では賃貸借によるまちなみ修復が促進した。

大森町では、重伝建地区の指定以降、国や自治体による補助金制度が始まり、結果として、その補助により多くの住民がまちなみ再建に参加している。中村も当然この補助を受給する権利はあったが、彼は一切の補助金を受けていない。重伝建地区の指定を受けても再生が加速されわけではない。その現実のなかで、中村は補助金という制度の枠の限界を感じていた。そのため中村は、少しでも再生の速度を上げるために、自分の企業から得た収益金をつぎ込んでまちなみ修復を行っているのである。

それを可能にしたのは自らの会社の成長であった。それを支えた理念は、「地域と共に生きてゆくことが地元企業の使命であり、地域で信頼される実業家になるのが企業家の使命である」ということだ。アメリカでの修業時代、自分に対して尽力してくれた人々に対して、いろいろな方法で恩を返すという公共精神は、彼がアメリカで培った哲学である。それを地域で実践するために、高校生の留学受入れから始まった交換留学生制度が、一九九二年に「中村スカラシップ」として始められている。この奨学金制度とともに石見銀山文化賞【註13】も創設した。

中村が創設したこの支援制度は、企業と地元との共存共栄につながり、地域住民の自主性を育んでいる。まさに彼の成長期から新しい視点と使命を得たものだ。

まちづくりは、決して一人の力だけで実現できるものではないが、必ず情熱のすべてをかけて牽引する者の存在があって初めて実を結ぶものである。それが二〇〇七年の世界遺産の登録として結実した。登録後には、国内はもとより世界中から押し寄せる観光客で、まさに田舎町に突如として出現した人波は「門前市を成す」状況を作り出した。大森町では当初、世界遺産の登録に関しては一枚岩と言える状態ではなかった。それは、世界遺産の登録後に押し寄せる観光客が、プラスの作用だけではない【註14】という現実によるものであった。大森町は山あいの静かな町であり、それが壊れることへの住民の不安や地域資源の劣化を心配する声が上がっていた。

石見銀山では世界遺産の登録後に予想される観光客増に対して、あらかじめ交通規制を行うことによって、これまでにない保護体制の構築を行っている。こうした規制が初めからおこなえることこそが、地域一丸となって世界遺産登録をめざしたところにある。

世界遺産の価値は、地域全体にわたって保全される環境や景観、それを裏付ける歴史性などの多様な構成資産があって認められるものであり、石見銀山は広大な地域にこれらの資産が見事に守られているのが大きな特徴である。その最大の特徴を守るために、パーク・アンド・ライドの本格的導入により、観光客数を抑制することによって、観光資源の長期的な利用を図り、雇用を含めて地域の人々が永続的に「生活の場」とすることをめざした。

かつて銀鉱山の町として栄えた大森町であるが、産業構造の転換から閉山になり、過疎の町に転落したが、銀鉱山の歴史が観光という新しいかたちで、地域住民に生きる恩恵を与えたのである。

現在の大森町まちなみ地区

おわりに――まちづくりは続く

大森町では山あいの静けさと観光客が醸し出す賑わいがうまくマッチした環境がつくり出されている。昭和五〇年代より始まった建物の修復も、これまでは点としての事業であったが、それが面となり、広大なまちなみの再生につながった。街道を賑わす土産屋や飲食の店舗は、修復された建物が醸し出すレトロな雰囲気で、訪れる人々をもてなしている。

過疎化した地方の町が、このような賑わいを取り戻すとは、だれが予想したであろうか。世界遺産をめざす過程で地域に芽生えた新しい思考――それは地域にとって何が大切なのかを第一に考え、協力し合うことだ。一人の牽引者が提起したまちなみ再建であったが、地域の全構成者が参加し、最大限の努力をしたからこそ実現した。

行政に期待するのではなく、自らが持つまちなみという地域資源と、再生を支える人的資源、そして、「結い」に代表される地域の連帯という、三つの資源が見事に結実を見せた。これらが三位一体となって、地域に欠くことのできない強力な自治が生み出されたのである。

グローバリズムの進展により、小さな地域にも自由主義的な経済体制が組み込まれ、人間関係の多くも経済原理から換算される時代であるが、小さな田舎町の石見銀山で行われている実験は、こうした殺伐とした我が国の現状において希望を与えるものだろう。土地は地域全体で利用し、そこから得られる利益は地域に還元される。現代総有はある企業家の「利他」の精神から始まったが、世界遺産の維持管理は、こうして若者に受け継がれ、未来に「確実で強固」なものとして継続されていくのである。

註

1　世界遺産条約に基づいて組織されており、締約国のなかから異なる地域および文化を偏りなく代表するように選ばれた21か国によって構成される。原則毎年一回開催され、新規に世界遺産に登録される物件や拡張案内、危機遺産リストの登録および削減や遺産モニタリング、技術支援、世界遺産基金の用途などを審議、決定している。

2「顕著で普遍的な価値」として9つの基準がある。

3　銀鉱石を砕いて鉛とマンガンなどの溶剤を加え溶解し、浮き上がってくる鉄などの不純物を取り除き、貴鉛（銀と鉛の合金）を作って「灰吹床」で溶解し、銀と鉛に吹き分ける方法。

4　ユネスコ憲章前文に「戦争は人の心の中で生まれるものであるから、人の心の中に平和の砦を築かなければならない」と明記されている。

5　1972年の第17回ユネスコ総会において採択。文化遺産や自然遺産を人類共通遺産として保護・保存していくために、国際的な協力および援助の体制を確立するための条約。日本は1992年に締結。

6　旧安濃郡太田町、久手町、長久村、鳥井村、波根東村、河合村、邇摩郡久利村、静間村が合併して当時の新制大田市が市制施行された。邇摩郡大森町、五十猛村、大屋村および邑智郡祖式村は1956年に編入されている。

7　1949年の法隆寺金堂の火災により法隆寺金堂壁画が焼失し、これをきっかけとして文化財保護についての総合的な立法として1950年に議員立法された。

8　これまでは県と市がそれぞれの組織によって保存管理を行っていたが、世界遺産登録を契機に統一した組織がつくられた。

9　2005年、世界遺産登録をめざす石見銀山遺跡を官民協働により保全活用していくための方策を検討するため、公募による200名の市民プランナーと島根県・大田市の職員により組織された。

10　合併以前の旧大森町は大森町と隣の水上町を合わせて旧大森町を構成していた。

11　石見銀山遺跡の世界遺産登録に関しては、地元で著名な活動を担っていた方に松場大吉・登美夫妻がいる。松場夫妻は現在大森町のまちなみ地区で阿部家を10年かけて改築し、ホテルを経営しながら「石見銀山生活文化研究所」を主宰している。

12　中村は、19歳で近畿大学の通信教育課程に入学している。

13　石見銀山文化賞は、地方を拠点に地道な研究や、地元での活動をする人々を支援するために中村が創設した報奨制度。

14　世界遺産の登録にあたって、観光客への対応や施設面での不備に関して、地域住民が白川郷などの事例から不安視した問題がある。

あとがき

「現代総有」という概念を、総有と言えばほぼ反射的に引き合いに出される法学上の「入会権」を超えて、あるいは質的に区別される現代的なものとして、日本中にいきわたらせたい。これが執筆者一同の念願であった。

私たちはそれぞれ専門領域を異にするが、日本社会が直面している「少子・高齢化」と社会の解体の危機（財政危機や原発事故による放射能汚染など、容易には修復不能な事態を含む）にどう対処するか、ほとんど理論的なあるいは政治社会的な準備がないまま、当面の問題を場当たり的にしのごうとしている日本社会や、事態の経過観察にとどまっているかのように見える学問状況を目の当たりにして、等しく不安や忸怩たる思いを抱いてきた。

そういえば、あれほどパラダイム転換を主張してきた「改革」も、いつしか大震災から月日が経つにつれて実態が虚ろになり、反対に戦後レジームの改革という掛け声によって、逆回転するような動きが濃厚になってきたことも忘れてはならない。

このような閉塞的状況を打開していくため、一つの思想的な、また実践を伴った方法論として提起したのが、「現代総有論」である。

根源的には、ある組織された集団が土地・空間を共同利用しながら連帯性を模索し、事業により運動性をもってそれぞれの自治を獲得していく。このような問題提起を学問世界の片隅で、しかもほぼ「異端」に近い形で燻らせるのではなく、広く社会に普及させたい。そのためには、何よりも多くの国民がその意味内容を察知しうる「日本語」にしなければならない。

原発事故に対する「反原発」という言語化は、原発政策への意思表示を明確にし、さらにその後の対応、例えば自然エネルギーの構築を促していく。同じように現代総有も、国や市民個人では行えない仕事——農業、漁業、商店街の復活、空洞化する里山やマンション・団地の再生などに取り組みつつ、次第にその有効性や必要性を共有していかねばならない。

その突破口を切り開こうとしたのが、本書『現代総有論序説』である。これは幸いにして、日本での学際的な研究を開始できただけでなく、ノーベル経済学賞の系譜をひくアメリカの学者の賛同も得た。これが契機となって社会に広がり、最終的には立法化によりその正当性と体系性を獲得していくこと、これが私たちの今後の努力目標であり、期待でもある。

なお本書は、執筆者らによる共同研究を重ねながら編まれ、私の法政大学法学部教授の退職を機に上梓することとなった。本書刊行にあたり、執筆してくださった方々のほか、出版にあたって多大な労をとっていただいた、株式会社ブックエンド代表の藤元由記子さんに深甚なる感謝を捧げたい。

二〇一四年　春　　五十嵐敬喜

溝尾良隆『観光学と景観』古今書院、2011年
安江則子『世界遺産学への招待』法律文化社、2011年
原誠『矜持あるひとびと：語り継ぎたい日本の経営と文化 2』社団法人金融財政事情研究会、2011年
佐滝剛弘『「世界遺産」の真実：過剰な期待、大いなる誤解』祥伝社新書、2009年
松浦晃一郎『世界遺産：ユネスコ事務局長は訴える』講談社、2008年
毛利和雄『世界遺産と地域再生：問われるまちづくり』新泉社、2008年
小田全宏『富士山が世界遺産になる日』PHP研究所、2006年
D・オルドリほか『世界遺産』水嶋英治訳、文庫クセジュ、2005年
松浦晃一郎『ユネスコ事務局長奮闘記』講談社、2004年
大田市『「石見銀山遺跡とその文化的景観」に関する包括的保存管理計画』2005年
日本ユネスコ協会連盟編『世界遺産年報』2004年版～ 2012年版、東京書籍
石見銀山資料館『石見銀山案内冊子』2013年

原田純孝「理念なき土地基本法と土地政策の行方」『法律時報』1990年2号

［萩原］
根本祐二『朽ちるインフラ：忍び寄るもうひとつの危機』日本経済新聞出版社、2011年
柴田健「HOAによる住宅地の統治」『家とまちなみ』2012年65号
国土交通省「オープンスペースの実態把握と利活用に関する研究」『国土交通政策研究』2012年106号
自治体国際化協会「英国におけるビジネス改善地区（BID）の取組み」『Clair Report』2011年366号
縄田康光「戦後日本の人口移動と経済成長」『経済のプリズム』2008年54号

［野口］
日越土地区画整理組合『日越土地区画整理組合完工記念誌』1995年
石田頼房、波多野憲男、野口和雄ほか『郊外地土地区画整理の計画的土地利用転換手法に関する研究』住宅総合研究財団、1993年

［渡辺］
五十嵐敬喜、野口和雄、萩原淳司『都市計画法改正：「土地総有」の提言』第一法規、2009年
西山康雄、西山八重子『イギリスのガバナンス型まちづくり』学芸出版社、2008年
西山八重子『イギリス田園都市の社会学』ミネルヴァ書房、2002年
五十嵐敬喜、池上修一、野口和雄『美の条例』学芸出版社、1996年
クリストファー・アレグザンダー『時を超えた建設の道』平田翰那訳、鹿島出版会、1993年
西山康雄『アンウィンの住宅計画を読む』彰国社、1992年
ウィリアム・アシュワース『イギリス田園都市の社会史』下総薫監訳、御茶ノ水書房、1987年
クリストファー・アレグザンダー『パタン・ランゲージ』平田翰那訳、鹿島出版会、1984年
トマス・スペンスほか『近代土地改革思想の源流』四野宮三郎訳、御茶ノ水書房、1982年
ヘィッキ・フォン・ヘルツェンほか『タピオラ田園都市』波多江健朗・武藤章訳、鹿島出版会、1974年
エベネザー・ハワード『明日の田園都市』長素連訳、鹿島出版会、1968年
ロバート・オウエン『オウエン自叙伝』五島茂訳、岩波書店、1961年
小野啓子「千種台団地の建て替えから」『季刊すまいろん』1994年
佐藤健正「ハウジングの話」市浦ハウジング&プランニング・ホームページ、2013年
Ebenezer Howard, Garden Cities of To-Morrow, London, 1902.
Mervyn Miller, *Letchwortn: The First Garden City*, Phillimore, 1989.

［斎藤］
関口広隆『世界遺産を守る民の知識：フィリピン・イフガオの棚田と地域の学び』明石書店、2012年
中村俊郎『コンビニもない町の義肢メーカーに届く感謝の手紙：誰かのために働くということ』日本文芸社、2011年

高村学人『コモンズからの都市再生：地域共同管理と法の新たな役割』ミネルヴァ書房、2012年
植田敦・山崎久隆・原田裕史『福島原発多重人災：東電の責任を問う』日本評論社、2012年
平竹耕三『コモンズと永続する地域社会』日本評論社、2010年
室田武編著『グローバル時代のローカル・コモンズ』ミネルヴァ書房、2009年［室田武「山野海川の共的世界」／山本信次「森林ボランティア活動に見る環境ガバナンス」を所収］
松本文雄『自然総有論：入山権思想と近郊里山保全を中心とする』メタ・ブレーン、2008年
藤村美穂「“みんなのもの”とは何か：むらの土地と人」『コモンズの社会学』新曜社、2001年
植田敦「物質循環による持続可能な社会」『循環の経済学』学陽書房、1995年
岡田康夫「ドイツと日本における共同所有論史」『早稲田法学会誌』1995年74号
Daisaku Shimada and Takeshi Murota," Multilayered Natural Resource Management in Open and Closed Commons," *Local Commons and Democratic Environmental Governance*, The United Nations University Press, 2013.

［マッキーン］
Gary Miller, *Managing Dilemmas: The Political Economy of Hierarchy*, Cambridge University Press, 1993.
Elinor Ostrom, *Governing the Commons,* Cambridge University Press, 1990.
Ronald Coase, “The Nature of the Firm,” *Economica*, November 1937.

4章
［武本］
武本俊彦『食と農の「崩壊」からの脱出』農林統計協会、2013年
原田純孝「農地制度の何が問題か：主要な論点と議論の方向をめぐって」『今農地制度に問われるもの4』農山漁村文化協会、2009年
原田純孝「都市計画制度の改正と日本都市法のゆくえ」『日本の都市法Ⅱ　諸相と動態』東京大学出版会、2001年
原田純孝「序」「『日本型』都市法の形成」「戦後復興から高度成長期の都市法制の展開：『日本型』都市法の確立」『日本の都市法Ⅰ：構造と展開』東京大学出版会、2001年
五十嵐敬喜ほか編『土地基本法を読む』日本経済評論社、1990年［五十嵐敬喜「土地基本法と関連土地法」／原田純孝「土地利用と土地利用計画」を所収］
加藤一郎『農業法』有斐閣法律学全集50、1985年
『小倉武一著作集 第1巻：土地所有の近代化 上』、『同 第2巻：土地所有の近代会 中』、『同 第3巻：土地所有の近代化 下』農山漁村文化協会、1982年
大和田啓気『秘史：日本の農地改革』日本経済新聞社、1981年
五十嵐敬喜「総有と市民事業　国土・都市論の『未来モデル』」『世界』2013年6月号
五十嵐敬喜「安倍政権の『国土強靭化』と公共事業の行方」『世界』2013年5月号

R. ルドフスキー『人間のための街路』平良敬一･岡野一宇訳、鹿島出版会、1973年（原書は1969年刊）
戒能通孝『入会の研究』一粒社、1958年（1943版の再刊）
渡辺洋三『農業水利権の研究』東京大学出版会、1954年
五十嵐敬喜「総有と市民事業：国土・都市論の『未来モデル』」『世界』2013年6月号
茂木愛一郎「都市のコモンズ」『SEEDER』2012年7号
高村学人「コモンズ研究のための法概念の再定位：社会諸科学との協働を志向して」『社会科学研究』2009年5・6号、東京大学社会科学研究所
西郷真理子、太田隆信「対談：地方都市の中心市街地をデザインする」『新建築』2008年1号
椎名重明、戒能通厚「資料研究：イングランドにおける土地囲い込み一般法案とその周辺」『早稲田法学』2008年83巻3号
西郷真理子「A街区再開発事業の特徴と意味」『季刊まちづくり』2006年13号
Alan MacFarlane, *Secrets of the Modern World: F. W. Maitland*, Nimble Books, 2009.

3章
［秋道］
秋道智彌『海に生きる：海人の民族学』東京大学出版会、2013年
秋道智彌「災害をめぐる環境思想」『日本の環境思想の基層』岩波書店、2012年
秋道智彌『コモンズの地球史：グローバル化時代の共有論に向けて』岩波書店、2010年
畠山重篤『森は海の恋人』文藝春秋、2006年
熊本一規「海はだれのものか：白保・夜須・唐津の事例から」『自然はだれのものか：「コモンズの悲劇」を超えて』昭和堂、1999年
浜本幸生『海の「守り人」論：徹底検証・漁業権と地先権』まな出版企画、1996年
秋道智彌『なわばりの文化史：山・海・川の資源と民俗社会』小学館、1995年
五十嵐敬喜「総有と市民事業：国土・とし論の『未来モデル』」『世界』2013年6月号
田中克「津波の海に生きる三陸の未来：森里海連環と防潮堤計画」『Shio & Ocean Newsletter』2013年302号
上村真仁「石垣島白保集落における里海再生：サンゴ礁文化の保全・継承を目指して」『Ship & Ocean Newsletter』2010年235号
Tomoya Akimichi. "Changing Coastal Commons in a Sub-Tropical Island Ecosystem, Yaeyama Islands, Japan." *Island Futures. Global Environmental Studies*, 2011, Tokyo: Springer.
Michael Heller, "The Tragedy of the Anticommons: Property in the Transition from Marx to Markets." *Harvard Law Review*, 1998, No. 111.

［室田］
加藤寛『日本再生最終勧告：原発即時ゼロで未来を拓く』ビジネス社、2013年

Michael Heller, " The Tragedy of the Anticommons: Property in the Transition from Marx to Markets," *Harvard Law Review*, Vol. 111, No.3, 1998.

［廣川］
菅豊「環境民俗学は所有と利用をどう考えるか？」『環境民俗学』昭和堂、2008年
鳥越皓之『環境社会学の理論と実践』有斐閣、1997年
飯島伸子編『環境社会学』有斐閣、1993年
吉田民人『主体性と所有構造の論理』東京大学出版会、1991年
渡辺兵力『村を考える：集落論集』不二出版、1986年
川本彰『日本人と集団主義：土地と血』玉川大学出版会、1982年
守田志郎『小さい部落』朝日新聞社、1973年
川本彰『日本農村の論理』龍渓書舎、1972年
平田清明『市民社会と社会主義』岩波書店、1969年
五十嵐敬喜「総有の都市計画と空地」『季刊まちづくり』2013年38号
五十嵐敬喜「総有と市民事業」『世界』2013年6月号
Tomonori Shimomura, Yuji Hirokawa, "Construction of a Sustainable Common Management System in Urban Space."『社会システム研究』2012年15号
三輪大介「入会における利用形態の変容と環境保全機能」『環境社会学研究』2010年16号
『環境社会学研究』1997年3号［鳥越皓之「コモンズの利用権を享受する者」／嘉田由紀子「生活実践からつむぎ出される重層的所有観」／井上孝夫「環境問題における所有論の限界と環境保全の論理構成」を所収］

［茂木］
戒能通厚「水利権研究への比較法的視点」『土地法のパラドックス』日本評論社、2010年
五十嵐敬喜、野口和雄、萩原淳司『都市開発法改正：「土地総有」の提言』第一法規、2009年
北条浩、村田彰『慣習的権利と所有権』御茶の水書房、2009年
室田武編著『グローバル時代のローカル・コモンズ』ミネルヴァ書房、2009年
井上真「自然資源『協治』の設計指針」『グローバル時代のローカル・コモンズ』ミネルヴァ書房、2009年
平竹耕三『コモンズと永続する地域社会』日本評論社、2006年
井上真『コモンズの思想を求めて』岩波書店、2004年
齊藤広子、中城康彦『コモンでつくる住まい・まち・人』彰国社、2004年
茂木愛一郎「世界のコモンズ」『社会的共通資本：コモンズと都市』東京大学出版会、2004
伊藤修一郎「コモンズのルールとしての景観条例」『日本政治学会年報政治学』2003年
宇沢弘文『社会的共通資本』岩波書店、2000年
戒能通孝『戒能通孝著作集2』日本評論社、1977年
宇沢弘文『自動車の社会的費用』岩波書店、1974年

参考文献

凡例：参考文献を章ごとにまとめた。各項の掲載順は、書籍、定期刊行物、その他の文献、海外文献の順に、刊行年が新しいものから並べた。副題および編者名は一部割愛した。

1章

［コモンズ関連］

高村学人『コモンズからの都市再生』ミネルヴァ書房、2012年

宇沢弘文、茂木愛一郎『社会的共通資本：コモンズと都市』東京大学出版会、2011年

鈴木龍也、冨野きいちろう『コモンズ論再考』晃洋書房、2006年

井上真『コモンズの思想を求めて』岩波書店、2004年

戒能通孝『小繫事件』岩波新書、1964年

日本法社会学会「コモンズと法」『法社会学』2010年73号、有斐閣

［財産区と入会権関連］

三俣学「財産区有林の管理実態に関する環境経済学的考察」『京都精華大学紀要』2004年27号

室田武、三俣学『入会林野とコモンズ』日本評論社、2004年

古谷健司「財産区のガバナンスに関する研究」信州大学博士論文、2013年

2章

［高村］

高村学人『コモンズからの都市再生』ミネルヴァ書房、2013年

五十嵐敬喜、野口和雄、萩原淳司『都市計画法改正：「土地総有」の提言』第一法規、2009年

石部雅亮編『ドイツ民法典の編纂と法学』九州大学出版会、1999年

F. ヴィーアッカー『近世私法史』鈴木禄弥訳、創文社、1995年

平田清明『市民社会と社会主義』岩波書店、1969年

甲斐道太郎『土地所有権の近代化』有斐閣、1967年

我妻栄『民法研究Ⅰ：私法一般』有斐閣、1966年

川島武宜『民法Ⅰ：総論・物権』有斐閣、1960年

中田薫『村及び入会の研究』岩波書店、1949年

五十嵐敬喜「総有と市民事業：国土・都市論の『未来モデル』」『世界』2013年6月号

Michael Heller, *The Gridlock Economy: How Too Much Ownership Wrecks Markets, Stops Innovation and Costs Lives*, Basic Books, 2008.

マーガレット・A・マッキーン　Margaret A. McKean

1946年イリノイ州生まれ。米デューク大学教授（政治学、環境政策）。著書および主要論文：*Environmental Protest and Citizen Politics in Japan,* University of California Press, 1981. *People and Forests,* MIT Press, 2000; "Management of Traditional Common Lands (Iriaichi) in Japan," *Making the Commons Work,* Institute of Contemporary Studies, 1992.

武本俊彦　たけもと・としひこ

1952年東京都生まれ。千葉大学園芸学部非常勤講師、食と農の政策アナリスト、前農林水産省農林水産政策研究所所長。専門は現代食料政策論。著書に『日本再生の国家戦略を急げ！』（共著、小学館、2010年）、『食と農の「崩壊」からの脱出』（農林統計協会、2013年）など。

萩原淳司　はぎわら・じゅんじ

1960年埼玉県生まれ。公益財団法人埼玉りそな産業経済振興財団主席研究員。共著に『都市法改正：土地総有の提言』（法政大学出版会、2009年）、『公共サービス改革の本質』（自治総研叢書他、2014年）など。

野口和雄　のぐち・かずお

1953年神奈川県生まれ。都市プランナー。著書に『まちづくり条例の作法』（自治体研究社、2007年）、共著に『まちづくり・都市計画なんでも質問室』（ぎょうせい、2002年）など。

渡辺勝道　わたなべ・かつみち

1962年栃木県生まれ。建築家。法政大学大学院公共政策研究科博士課程在籍。共著に『社会主義経済の改革と規制』（ロシア科学アカデミー、1997年）。

齋藤正己　さいとう・まさみ

1959年千葉県生まれ。法政大学大学院公共政策研究科博士課程在籍。著書に『沖縄県竹富町における来訪者の意識調査：環境税導入に関する研究』（法政大学地域研究センター、2012年）、共著に『国立景観訴訟：自治が裁かれる』（公人の友社、2012年）など。

執筆者プロフィール
（掲載順）

五十嵐敬喜　いがらし・たかよし
1944年山形県生まれ。法政大学法学部教授、弁護士、前内閣官房参与。著書に『美の条例〜いきづく町をつくる』（共著、学芸出版社、1996年）、『美しい都市をつくる権利』（同、2002年）、『美しい都市と祈り』（同、2006年）、『都市再生を問う』（共著、岩波新書、2003年）、『道路をどうするか』（共著、同、2008年）、『国土強靭化批判』（岩波ブックレット、2013年）など多数。

高村学人　たかむら・がくと
1973年石川県生まれ。立命館大学政策科学部教授、専門社会調査士。専門は法社会学。著書に『アソシアシオンへの自由』（勁草書房、2007年、第25回渋沢・クローデル賞LVJ特別賞受賞）、『コモンズからの都市再生』（ミネルヴァ書房、2012年、第39回藤田賞受賞）など。

廣川祐司　ひろかわ・ゆうじ
1984年静岡県生まれ。北九州市立大学地域創生学群講師。専門は法社会学、地域資源管理論（コモンズ論）。著書に『コモンズと公共空間』（共編、昭和堂、2013年）。「『法』を『学習』する地域住民によるコモンズの制度設計」（『法社会学』2011年75号所収）で同誌の最優秀論文賞受賞。

茂木愛一郎　もぎ・あいいちろう
1949年東京都生まれ。慶應学術事業会顧問。日本政策投資銀行を経て現職。共著に『社会的共通資本：コモンズと都市』（東京大学出版会、1994年）、『社会的共通資本としての川』（同、2010年）、共訳に『コモンズのドラマ』（E.オストロム他編著、知泉書館、2012年）など。

秋道智彌　あきみち・ともや
1946年京都府生まれ。総合地球環境学研究所名誉教授。専門は生態人類学。著書に『なわばりの文化史』（小学館、1995年）、『コモンズの人類学』（人文書院、2004年）、『コモンズの地球史』（岩波書店、2010年）、『生態史から読み解く環・境・学』（昭和堂、2011年）、『漁撈の民族誌』（昭和堂、2013年）、『海に生きる』（東京大学出版会、2013年）など多数。

室田 武　むろた・たけし
1943年群馬県生まれ。同志社大学経済学部教授、経済学者、エコロジスト。著書に『エネルギーとエントロピーの経済学』（東洋経済新報社、1979年）、『電力自由化の経済学』（宝島社、1993年）、『地域・並行通貨の経済学』（同、2004年）、『グローバル時代のローカル・コモンズ』（編著、ミネルヴァ書房、2009年）、『入会林野とコモンズ』（共著、日本評論社、2004年）など。

編著

五十嵐敬喜

編集委員

茂木愛一郎

武本俊彦

竹野克己

法政大学大学院公共政策研究科 五十嵐研究室

現代総有論序説

2014年3月10日
初版第一刷発行

編著者
五十嵐敬喜

発行者
藤元由記子
発行所
株式会社ブックエンド
〒101-0021
東京都千代田区外神田6-11-14
アーツ千代田3331
Tel. 03-6806-0458
Fax. 03-6806-0459
http://www.bookend.co.jp

ブックデザイン
折原 滋 (O design)
印刷・製本
シナノパブリッシングプレス

Printed in Japan
ISBN978-4-907083-11-3

BOOKEND